JN418806

황당하고 당황스런 인생

황당하고 당황스런 인생

지은이: 정문식
발행인: 정유리
발행처: 도서출판 백암
발행일: 2018년 4월 01일 초판인쇄
2018년 4월 05일 초판발행
주 소: 서울특별시 마포구 신수동 219번지
전 화: 02) 712-3733
팩 스: 02) 706-9151
E-mail: baekam3@hanmail.net
등록번호:제313-2002-35호
ISBN : 978-89-7625-176-3

책값 : 12,000원

* 저자와 협의에 의하여 인지를 생략합니다.
* 파본은 구입하신 서점에서 교환해 드립니다.
* 본 서적의 무단복제 및 전재를 금합니다.

황당하고 당황스런 인생

– 정문식 수필집 –

도서출판 백암

| 머리말 |

세상을 펼치며 살아오는 동안 수많은 우여곡절의 사연들을 겪으며 웃고, 울고, 분노하여 격분하고 했다. 오랜 세월이 흐르고 난 지금에 와서 지나간 사연들을 떠올릴 때면 다시금 그때로 돌아간 것 같은 착각이 들었다.

사람마다 살아오는 모습은 각기 다르겠지만 감성(感性)은 같을 것이다. 시대의 변함에 따라 새로운 것에 놀라움과 신비(神秘)함이 극치(極致)에 달하나, 반면에 우리의 옛것들을 잃어가는 소외감(疏外感)에 안타까워해야 했다.

급속한 산업화의 바람을 타고 물질 만능과 이기주의가 확산되고 있는 것이 지금의 현실이다. 그러다 보니 인간미는 상실(喪失)되고 백년지대계(百年之大計)인 자식의 교육은 등한시(等閑視)되었다.

우리는 한 그루의 나무만 보지 말고 드넓은 숲을 보아야 한다. 사람들의 삶은 결국 공동체(共同體)로 일원화되기 때문이다. 그러므로 忠과 孝와 義에 대한 인성(人性)이 절실한 것이다.

이 글은 그동안 많은 사람들과 접하며 겪은 갖가지의 사연들이다. 사연 내용마다 기가 막혀 어이없어 했고 황당하여 당황도 했었다. 그러나 그런 나의 옛 기억들이 지금은 지나간 추억으로 남게 되었다.

보잘것없는 나의 사연을 담은 작은 이야기지만 나는 오랫동안을 소중하게 간직해오며 지금까지 살아왔고, 앞으로도 영원히 사랑하며 살 것이다. 작은 사랑이 담긴 이글이 많은 사람에게 지나간 추억을 더듬을 수 있는 나침판이 되어 잃었던 사랑의 마음을 되찾았으면 하는 마음 간절하다.

끝으로 이글 사연 속에 함께 한 모든 사람들과 추억을 고이 간직하며 나누고 싶을 뿐이다.

2018 戊戌年 春三月에

백암 정 문 식

| 차 례 |

일본인과 고춧가루

얼마 전 지하철 안에서의 일이다. 구의동 동부지청에서 일을 보고 모처럼 2호선 지하철을 타게 되었다. 그때가 점심시간이 끝날 무렵의 오후 시간이라 그런지 다행히 지하철 안은 그리 복잡하지 않았고 조용했다. 잠시 후 벌어질 황당한 사건에 대해서는 누구도 예측하지 못했던 것이다.

전철이 한양대역에 도착하자 등에는 가방을 메고 양손에는 안쓰러울 정도로 무거워 보이는 쇼핑백을 든 이십 대 후반쯤 되어 보이는 여성이 탑승했다. 그녀는 빈자리 앞으로 다가가서 조심스럽게 가방을 내리고는 쇼핑백을 전철 안의 선반 위에 올려놓으려 했다. 한 개를 올려놓고 그 위에 두 번째 짐을 올린 뒤 다소곳이 자리에 앉은 순간 선반 위에 올려놓은 쇼핑백에서 뭔가가 요란한 소리를 내며 떨어졌다.

그것은 고춧가루가 가득 들어 있는 투명한 플라스틱 단지였던 것이다. 전철 안의 바닥은 순식간에 시뻘건 고춧가루로 아수라장이 되고 말았다. 눈 깜빡할 사이에 일어난 일이었다.

눈 앞에 펼쳐진 어이없는 상황에 그녀는 어쩔 줄 몰라 하며 발만 동동 구르고 있었고 옆에 있던 사람들은 놀라 눈만 크게 뜨고 있었다.

바로 그때 맞은편 좌석에 앉아 있던 40대 초반쯤 되어 보이는 아주머니가 벌떡 일어나 선반의 신문지와 자신의 가방에서 꺼낸 휴지 묶음을 들고는 다가가 수북이 쌓여 있는 고춧가루를 신문지 위로 걷어내어 단지에 담는 것이었다. 그때서야 정신이 들었던지 그녀 또한 같이 고춧가루를 퍼 담으며 그 아주머니를 향해

"고맙습니다. 고맙습니다."라는 말만 반복하는 것이었다.

그러자 아주머니는 침착하게 고춧가루를 담으며 차분한 어조로 "괜찮아요. 이렇게 위의 것만 잘 담으면 깨끗하니까 쓸 수 있

어요."하고는 끝까지 그 일을 거들어 주었다. 그리고는 먼지와 고춧가루로 범벅이 된 많은 휴지와 신문지들을 움켜잡으며 그녀를 향해

"내가 다음 역에 내릴 거니까 가다가 버릴게요."라고 말하는 것이었다. 그러자 그녀는 아까와 같은 어조로 그저 "고맙습니다. 고맙습니다."란 말만 하였고 그 아주머니는 괜찮다는 말을 남기고 쓰레기를 움켜쥔 채 신당역에서 내렸다.

말끔히 정리된 지하철 안은 언제 무슨 일이 있었느냐는 듯이 다시 조용해졌고 그녀는 이미 줄어든 고춧가루 단지를 가슴에 안고 그것을 쳐다보며 가슴 아파했다. 그러자 처음부터 이 광경을 쭉 지켜보던 옆자리의 연세가 지긋한 노인 한 분이 말을 건넸다.

"이미 엎질러버린 고춧가루인데 그게 줄어 그렇게 마음이 아프오?"그러자 그녀는 고춧가루 단지에서 눈을 떼지도 않은 채 더듬거리며 말을 이었다.

"예. 제가 고춧가루를 너무너무 좋아하거든요."

그들이 하는 이야기 중에 그때서야 비로소 그녀가 일본인이라는 것을 알았다. 그녀는 우리의 전통문학을 배우러 온 일본인 교환학생이었던 것이다.

순간 처음부터 이 광경을 지켜보던 나는 얼굴이 달아오르도록

부끄러움을 느껴야 했다. 여태껏 별 볼일 없이 생각해오던 한낱 고춧가루를 외국인이 저토록 아끼고 좋아하는데 하물며 우리나라 사람인 내가 우리 것을 과연 얼마나 좋아하고 아끼는지를 다시 한번 생각하게 해 주었다.

또 좀 전의 그 아주머니의 행동은 많은 것을 생각하게 해 주었다. 실수를 탓하기 전에 솔선수범하여 거두려는 자세와 미덕(美德)은 너무나 아름다웠다.

과연 그 아주머니는 그녀가 외국인이라는 것을 알고 행동한 것일까? 그렇지는 않을 것이다. 외국이니까 눈에 보이려는 친절을 베풀어야겠다는 식이 아닌 진심에서 우러나온 행동이었을 것이다.

지금 수많은 외국인 관광객들이 우리나라를 찾고 있다. 외국인 손님맞이를 하려면 무엇보다 필요한 것이 바로 그 아주머니의 마음과 같은 봉사(奉仕)와 희생정신이 아닐까. 그 정신이 바로 우리나라 국민들이 옛부터 간직해 온 친절과 넉넉한 베풂의 마음일 것이다. 동방예의지국(東方禮儀之國)이라는 우리의 전통문화를 알리고 그들을 맞이한다면 분명 그들의 가슴속은 우리나라를 새롭게 인식할 것이다.

남의 자식들에게 베푼 진정한 사랑

사랑에는 여러 가지의 크고 작은 형태의 많은 사랑이 있다.

진정한 사랑은 소박하고 순수한 인간미(人間美)를 담은 그 무엇인가를 상대들을 위해 부담 없이 주는 것이다. 진정한 사랑은 끝이 없다. 끝이 없는 사랑은 사랑을 단정해서 했다 안했다로 끝을 맺는다면 그것은 결국 사랑이 아니라 생각된다.

사랑의 깊이에 대하여는 알 수도 없고 말을 못하지만 사랑하는 사람의 사랑 철학은 오직 사랑하는 자만이 나름대로 가질 수 있는 것이다.

사랑은 무한(無限)한 무언(無言)의 힘을 발휘할 수 있으며 사랑은 해보고 받은 사람만이 사랑의 의미와 사랑의 기쁨 또한 알 수 있다.

지난해에 남의 자식들에게 지대한 관심을 갖고 온갖 정성을 베푼 미담(美談)을 접하곤 흐뭇해야 했다.

삭막한 요즘 세상의 메마른 마음을 적셔주는 사랑 이야기가 있다.

변두리 동네에서 오랫동안 만리장성이란 간판을 걸고 식당을 운영하는 중국집 부부의 이야기다.

어느 날, 어린 두 동생을 보살피며 살아가는 소녀 가장이 한 동생의 생일을 맞아 동생들이 좋아하는 짜장면을 사주려고 두 동생과 이곳 중국집에 온 것이다.

그러나 돈이 부족해 두 그릇만 시킨다. 그러며 본인은 전에 먹은 게 배가 불러 아프다며 동생들에게 이유를 대는 것이었다.

이때 이 장면을 무심히 보던 식당 아주머니는 웃으며 다가가 말을 건넸다.

"너희들 오랜만이다. 나는 너희 엄마 친구야. 엄마 안 계시니 고생이 많지? 너의 엄마하곤 참 친하게 지냈단다. 그러니 앞으로 중국 음식이 먹고 싶거나 어려운 일이 있으면 찾아오너라! 오늘도 내가 맛있는 거 만들어 줄게 많이 먹어라!"

그리고는 짜장면 세 그릇과 곁들어 탕수육과 튀김만두를 만들어 주었다.

그러자 셋은 신이 나서 맛있게 식사를 하고는 "잘 먹었습니다."라고 인사를 하며 밖으로 나갔다.

그러자 갸우뚱거리며 남편이 다가가 부인에게 묻는다.

"당신 진짜 아까 그 애들 알아? 게네들 엄마가 누구야?" 그러자 부인이 하는 말이,

"아니에요. 애들이 불쌍하긴 한데 그냥 공짜로 주면 늘 피해의식에 젖어 있는 아이들이라 마음의 상처를 입을 것 같아서 그랬어요. 다음에 또 오면 당신도 그냥 주세요."라고 대답하는 게 끝이었다.

참으로 감동하여 가슴이 짠해지는 이야기다. 요즘같이 삭막한 세상에 남들한테 배려한다는 게 결코 쉬운 일은 아니다. 이기주의가 만연하고 오직 자기 이익만을 챙기는 사회에서 이웃에 시선을 돌리기란 힘든 일이다. 오히려 그런 사람들을 홀대(忽待)하며 비웃는 사회로 전락하고 있으니 세상 변하는 꼴을 보노라면 안타깝기만 한 심정이다.

그렇다! 우리는 평소에 너무 상대방의 마음을 헤아릴 줄 모른다. 꼭 그런 환경에 있는 아이들만이 아니라도 지금 나의 주변에 많은 사람들도 나의 조그만 부주의나 부족한 언행(言行)으로 마음의 상처를 크게 받을 수 있는 것이다.

그러므로 역지사지(易地思之)로 상대를 이해하고 배려하며 무한(無限)한 무언(無言)의 사랑을 베푼다면 항상 훈훈하고 살맛나는 세상에 살고 있을 것이다.

남의 자식이라도 잘못은 타일러라

지금 세상은 변해도 너무 변해가고 있다. 물론 좋은 것들이 많이 변하는 것이야 좋은 일이니 두말할 나위가 없을 것이다. 하지만 변치 말아야 하는 것들이 변하다 보니 황당하고 어이없는 일들이 여기저기 속출해 그저 안타까울 뿐이다.

물질만능주의가 팽배하고 이기주의가 만연하다 보니 요즘 사람들은 오직 자기 위주로 생활한다. 그러다 보니 상대방을 위한 배려나 양보의 미덕은 사라진 지 이미 오래다. 어른들의 그것은 그렇다 하더라도 한창 자라며 배우는 어린아이들이나 청소년들까지 아예 인간미라고는 볼 수 없으니 참으로 나라의 미래가 걱정이다.

요즘 사람들은 아이들이 모여 버젓이 잘못된 행위를 하는 것을 목격을 해도 남의 일이라는 개념으로 혹은, 괜히 끼어들면 시끄러운 문제가 야기될까 봐 그게 아니면 아이들이라도 여러 명이니 겁이 나서 등등의 이유로 대부분 외면을 하는 것이다.

그러면 그들은 누가 잘못을 깨우치게 하고 옳은 길로 인도(引導)한단 말인가? 자기 자식에게는 당연한 일이지만, 남의 자식이라도 그의 부모가 그 장소에 없거나 비록 그 부모가 있더라도 자식의 잘못을 꾸짖지 않을 때는 그 아이를 따끔히 꾸짖어야 한다. 그것이 아이들을 위하는 일이기도 하며 올바른 교육인 것이다.

며칠 전 외출하고 집으로 돌아올 때 시내버스를 타고 맨 뒷좌석에 앉게 되었다. 마침 그때가 중학생들이 학교에서 수업이 끝나고 하굣길이었는지 어느 정류장에서 별안간 학생들이 밀물처럼 몰려 들어와 조용했던 차내는 갑자기 학생들의 시끄러운 소리에 아수라장이 되었다. 그러다 좁은 버스 안에서 학생들이 싸움을 하는지 입에 담기 어렵고 듣기조차 거북한 욕설이 나왔고, 끝내는 주먹질이 오가고 있었는데 차 안에는 누구 한 사람 뜯어말리거나 시끄럽다고 하는 사람조차 없었다.

아마 그것은 요즘에 사는 사람들은 너나없이 남의 일에 신경을 안 쓰고 살아가기 때문에 이러한 불의를 보고도 외면하는 것이라 생각한다.

이때 버스 맨 뒷좌석에서 이 광경을 바라보던 나는 도저히 보고만 있을 수 없어 벌떡 일어나 "내 이놈의 자식들을"하며 두어 발짝 나오는데 그때 버스 중간에 앉아 있던 노인 한 분이 학생들을 향해 "학생들! 같은 친구들끼리 좋은 말로 해야지 싸우면 쓰나. 그리고 이렇게 많은 사람들이 이용하는 버스 안에서 배우는 학생들이 큰소리로 욕이나 하고 시끄럽게 하는 것은 특히 학생들 신분에 어긋나는 게 아니냐?"하고 호통을 치시는 거였다.

그러자 그 학생들은 노인을 아래위로 쳐다보며 내뱉는 말이 더 기가 막혔다.

"할아버지가 뭔데 남의 일에 참견하세요?"하며 고개를 돌리고는 육두문자를 난발하며 욕을 하는 게 아니겠는가! 그 노인은 격분하여 자리에서 일어나 아이들의 머리통을 쥐어박으며 나무라 주려 하자 오히려 학생들이 덤비는 것이었다.

나는 보다 못해 기어코 앞으로 나가 양쪽의 손잡이를 잡고 큰

소리로 내질렀다.

“이놈의 자식들이 감히 연세 많은 어르신께서 옳은 말씀으로 꾸중하시는데 잘못했습니다하면 될 것을 오히려 대들어? 너희들 그러라고 학교에서 가르치데? 니들 부모가 그러라고 시키데?”하고 내질렀더니 그때서야 군중심리라 할까? 이쪽저쪽에서 사람들이 거들며 한마디씩 하는 거였다.

그때서야 조용해졌고 그중에 한 학생이 “잘못했습니다.”라고 하며 노인께 용서를 비는 것이었다. 다행히 그렇게 끝나긴 했지만 정말 요즘 세상은 변해도 너무 변해가는 것 같다. 어떻게 감히 어린 학생들이 남이라는 관념(觀念)으로 모르는 사람 앞이라고 아무 데서나 천방지축 날뛰어야 하는가!

그 학생들의 부모가 좀 더 관심을 두고 가정교육을 했더라면 정녕 이러한 일은 없었겠지만 만일 그 노인이 꾸짖지 않았다면 그 학생들은 언제인가 또 똑같은 짓을 되풀이하게 될지도 모르는 일 아니겠는가?

우리는 우리가 살고 있는 시대의, 다음 시대의 인간에 장래의 기대를 갖는다면 다음 시대를 짊어지고 나갈 어린 학생들의 정신자세에 관하여 자기 자신의 식견(識見)과 책임을 깊이 자각(自覺)하도록 해야 할 것이다.

아이들을 '사회의 보물'이라는 말이 있다고 해도 다른 사람의 아이들도 과감히 꾸짖을 수 있는 행위로 실천하지 않는 한 그런 말은 헛소리에 불과하다.

남의 자식을 칭찬하기는 쉬운 일이지만 정말 그 부모가 자식을 사랑하고 자기 자식에 국한(局限)하지 않고, 모든 어린 학생들에 대한 애착이 있다면, 남의 자식이고 그의 부모 앞에서라도 나무랄 것은 따끔하게 나무라야 한다. 또 내 자식이 남에게 꾸중을 들더라도 그것을 감사해야 할 것이다.

남의 아이를 꾸짖는 일도 남의 부모한테서 내 자식이 꾸중을 듣는 것도 따지고 보면 인간의 기본적인 애정과 용기의 문제인 것이다.

15년 만에 만난 전우(戰友)의 사연

오랜만에 광주로 나들이를 가게 되었다. 고속버스 창가에 기대어 쏟아지는 햇빛의 광열을 받으며 눈을 감으니 문득 25년 전 애틋한 사연 때문에 함께 눈시울을 적셔야 했던 옛 전우(戰友)의 모습이 어렴풋이 떠올랐다.

그 날도 그 친구를 군에서 제대하고 15년 만에 만났었다. 그 친구를 찾고 만나기까지 가슴 저렸던 일들이 생각나 순간 연락이 두절된 친구의 그리움에 무작정 흘러버린 긴 세월만을 허공에 대고 한탄해야 했다. 어디서 잘살고 있을 친구를 생각하며 그때를 떠올려야 했다.

15년 전,

누군가 열어놓은 창문 사이로 갑자기 바람이 밀려들어 오자 책상 위의 서류들이 흩날린다.

쌀쌀하다. 벌써 가을 인가보다. 그동안 무엇을 해왔는지 정신 없이 살다 보니 또 다른 계절이 성큼 다가온 것이다.

여름이 다 지났다고 생각하니 마음부터 시원해진다. 게다가 내일은 모처럼의 지방 출장이다. 마치 가을 여행을 떠나는 것만 같아 신이 난다. 가을은 남자의 계절이라고 누군가 그러더니… 나도 모르게 입가에 미소가 번진다.

단지 출장 때문은 아니다. 이 설렘의 진짜 이유는 다른 데 있다.

15년 가까이 얼굴 한 번 보지 못했던 군대 동기를 출장길에 만나기로 했기 때문이다. 15년 전 군 제대 이후 서로 연락이 끊어져 궁금하고 보고 싶은 마음만 가지고 살다가 두 달 전 우연한 기회에 인터넷을 통해 찾을 수 있었지만, 시간이 허락되지 않아 이제야 만날 약속을 하게 된 것이다. 15년이란 세월 동안 많이 변해 있을 친구 모습이 보고 싶어 하루하루 시간을 재촉하였는가 보다.

다음날 나는 예정대로 광주에 도착하였다. 부지런히 회사업무를 일찍 마칠 수 있었기에 오후에 광주 농업진흥청에 근무하는 친구를 찾아가 만났다.

15년만의 재회는 살아있다면 만날 수 있다는 말을 실감 나게 해 주었고 순간이나마 한창때의 군 시절로 돌아온 착각 속에서 그 시절의 기억을 떠올리기에 바빴다. 소주 한 잔씩을 기울이며 우리는 못다 한 얘기들을 나누느라 시간 가는 줄 몰랐다.

그러다 문득 친구의 희미한 웃음에 스치듯이 어두운 그림자가 지나가는 것을 보았다. “살아온 시간이 쉽지만은 않았지…”하고 여운을 남기는 친구가 안쓰러워 가슴이 저려왔다.

술이 한잔 두잔 늘어가고 밤이 깊어지자 친구는 내게 그간의 힘들었던 사연을 얘기해주었다.

군에서 제대 후 현재의 직장에 입사했고 결혼도 하여 1남 1녀를 둔 평범하고 화목한 가정을 이루었다. 결혼 후 여태껏 별다른 문제 없이 잘 살아왔는데 가정에 문제가 생기기 시작한 건 최근 들어서였다.

살림만 하던 아내가 우연한 기회에 교회에 나가면서 점점 가정에 소홀해지더니 급기야 선교 활동을 이유로 매일 같이 외출을 하고 아이고 남편이고 뒷전에 두는 것이다. 그러다 보니 시댁에도 소홀해지는 건 당연했다.

부부간에 못 할 말이 뭐가 있겠냐며 진지하게 얘기도 해보고 화를 내보기도 했지만, 아내는 막무가내였다. 모든 일에 하나님이 우선이라는 것이다. 종교를 가진 사람들이 모두 아내와 같진 않을 텐데 유독 아내만 왜 그러는지 속이 상했다. 그래도 나름대로 아내를 이해하려고 애쓰면서 참았는데 분노가 폭발해 버린 황당한 사건이 생긴 것이다.

열흘쯤 전에 고향인 나주에서 농사를 지으시는 어머니가 찾아오셨다. 당신이 손수 농사지은 감자, 고구마, 마늘, 배추 등을 힘들게 머리에 이고서 말이다. 아내는 그날도 교회 일로 외출 준비를 하고 있었는데 예고도 없이 찾아온 시어머니가 귀찮아서 그랬는지 미안해서 그랬는지 시어머니께 안 해도 될 말을 하고 말았다.

"이런 건 요 앞 시장에 가면 몇천 원이면 살 수 있는데 뭐 하러 힘들게 지고 오세요?"

손자들이 먹을 채소를 직접 갖다 주고 싶은 노인의 마음을 이해하지 못했던 것이다.

다음날 아이들을 학교에 보낸 후 아내는 그날만큼은 하루쯤 집에 있어도 좋을 것을 시어머니께 오천 원짜리 한 장을 건네주며 "이따 점심때 짬뽕시켜 드세요."하고는 기어이 외출해 버렸다.

친구는 모처럼 어머니가 오셨으니 약속도 미뤄두고 일찍 퇴근해서 보니 기가 찰 노릇이었다. 그동안 밀린 빨래를 해 놓으시고 저녁까지 지어놓으신 어머니를 뵐 면목이 없었던 것이다. 홧김에 그날도 밤 10시가 넘어서야 들어온 아내에게 폭탄선언을 하고야 말았다.

"당신 도대체 나와 결혼한 거야? 하나님하고 결혼한 거야? 더 이상은 이렇게 살 수 없으니 둘 중 하나를 택해!"

다음날 아침 아내의 방문을 열어보니 아내는 '하나님을 택해 떠난다.'라는 편지만 남긴 채 떠나버렸다는 것이다.

그동안 이런 사연을 누구한테도 말 못하고 속 끓이며 초등학교 3학년과 1학년의 어린 남매를 학교에 보내고 밥하고 빨래하고 산다며 울먹이는 목소리로 한탄하는 친구를 보니 더 이상 술을 넘기기 힘들 만큼 마음이 아파왔다. 뭐라 위로라도 해야 할 텐데 하는 앞서는 마음뿐이었다.

한창때의 군 시절, M60 기관총을 어깨에 둘러메고 대성산 자락을 주름잡으며 훈련받던 패기 넘치고 의기 당당했던 그 친구, 고향이 좋아 고향에서 농사짓고 살겠노라고 소박한 꿈을 이야기하던 그가 이제는 지치고 핼쑥한 얼굴로 나타나 삶의 무게를 한탄한다.

친구와 헤어지고 숙소로 돌아가는 발걸음에 처음 올 때의 설렘은 온데간데없고 천근만근 무거운 마음뿐이었다. 젊은 시절 그 꿈 그대로 인생을 꾸려나갈 수 있었으면 얼마나 좋을까 하는 부질없는 생각을 해본다. 설렘으로 출발했던 가을의 첫 외출은 친구에 대한 서글픈 마음만 간직한 채 이렇게 끝이 났다.

어느 노부부(老夫婦)의 서글픈 사연

어느 날 가까운 지인으로부터 너무나 어이없고 기가 막힌 사연을 담은 내용을 보내주어 접하게 되었다. 나는 찬찬히 읽어 내려가다 순간 격분하여 "이런 쳐 죽일 놈들이 다 있나!"하며 흥분의 도가니에 빠져야만 했다.

인간으로서 더군다나 자식으로서 도저히 있을 수 없는 일들이기에 가엾은 노인들을 생각하며 눈시울을 적셔야 했다.

어느 노부부를 오랜 시간 곁에서 지켜봐야 했던 어느 만두집

부부의 기막힌 사연이다.

우리 부부는 조그마한 만두 가게를 하고 있습니다. 손님 중에 어느 할아버지와 할머니가 계시는데 매주 수요일 오후 3시면 어김없이 만두가게에 나타나는 것입니다.

대개는 할아버지가 먼저 와서 기다리지만 비가 온다거나 눈이 온다거나 날씨가 궂은 날이면 할머니가 먼저 와서 구석 자리에 앉아 출입문을 바라보며 초조하게 할아버지를 기다리곤 합니다.

두 노인은 별말 없이 서로를 마주 보다가 생각난 듯 상대방에게 황급히 만두를 권하다가 눈이 마주치면 슬픈 영화를 보고 있는 것처럼 눈물이 고이기도 했습니다.

"대체 저 두 분은 어떤 사이일까?" 나는 만두를 빚고 있는 아내에게 속삭였습니다.

"글쎄요. 부부 아닐까요?"

"부부가 뭣 때문에 변두리 만두 가게에서 몰래 만나?"

"하긴 부부라면 저렇게 애절한 눈빛으로 서로를 바라보진 않겠지. 부부 같진 않아요. 혹시 첫사랑이 아닐까요? 왜 그런 거 있잖아요. 서로 열렬히 사랑했는데 주위의 반대에 부딪혀 본의 아니게 헤어졌다. 그런데 몇십 년 만에 우연히 만났다. 서로에게 가는 마음은 옛날 그대로인데 서로 가정이 있으니 어쩌겠는가…"

"그래서 이런 식으로 재회를 한단 말이지? 아주 소설을 써라."

말은 그렇게 했지만 나는 아내의 상상이 맞을지도 모른다고 생각했습니다.

서로를 걱정하는 마음이 그대로 드러나는 따뜻한 눈빛이 두 노인이 아주 특별한 관계라는 걸 말하는 것 같았습니다.

"근데. 저 할머니 어디 편찮으신 거 아니에요? 안색이 지난번보다 아주 못 하신데요?"

아내 역시 두 노인한테 쏠리는 관심이 어쩔 수 없는지 걱정스러운 얼굴로 말했습니다. 그러고 보니까 오늘따라 할머니는 눈물을 자주 닦으며 어깨를 들먹거렸습니다.

두 노인은 만두를 그대로 놓은 채 자리에서 일어났습니다.

할아버지는 돈을 지불하고 할머니의 어깨를 감싸 안고 나갔습니다. 나는 두 노인이 거리의 모퉁이를 돌아갈 때까지 시선을 뗄 수가 없었습니다.

곧 쓰러질 듯 휘청거리며 걷는 할머니를 어미 닭이 병아리 감싸듯 감싸 안고 가는 할아버지… 두 노인의 모습이 내 마음을 아프게 했습니다.

할아버지와 할머니는 대체 어떤 관계일까? 아내 말대로 첫사랑일까? 사람은 늙어도 사랑은 늙지 않는 법이니까 그럴 수도 있겠지.

"어머! 비가 오네. 여보! 빨리 솥뚜껑 닫아요."

그러나 나는 솥뚜껑 닫을 생각보다는 두 노인의 걱정이 앞섰습니다. 우산도 없을 텐데... 다음 주 수요일에 오시면 내가 먼저 말을 붙여 볼 생각이었습니다.

그런데 다음 주도 그다음 주도 할아버지 할머니는 우리 만두 가게에 나타나지 않는 겁니다. 처음에는 몹시 궁금했는데, 시간이 지날수록 두 노인에 대한 생각이 묵은 사진첩에 낡은 사진처럼 빛이 바래기 시작했습니다. 그게 사람인가 봅니다. 자기와 관계없는 일은 금방 잊나 봅니다.

그런데 두 달이 지난 어느 수요일 날 정확히 3시에 할아버지가 나타나신 것입니다. 좀 마르고 초췌해 보였지만 영락없이 그 할아버지였습니다.

"오랜만에 오셨네요."

할아버지는 아무 말 없이 조금 웃어 보였습니다.

"할머니도 곧 오시겠지요?"

할아버지는 고개를 가로저으며

"못 와. 하늘나라에 갔어..."하는 겁니다. 나와 아내는 듣고 있던 만두 접시를 떨어뜨릴 만큼 놀랐습니다.

할아버지의 이야기를 듣고 우리 부부는 벌린 입을 다물 수가 없었습니다.

너무 기가 막혀서… 너무 안타까워서…

두 분은 부부인데 할아버지는 수원의 큰아들 집에, 할머니는 목동의 작은 아들 집에 사셨답니다.

"두 분이 싸우셨나요?"하고 할아버지께 물었습니다. 그게 아니라 며느리들끼리 서로 싸웠답니다.

"다 같은 며느리인데 나만 부모를 모실 수가 없다"고 강경하게 나오는 바람에 공평하게 양쪽 집에서 할아버지, 할머니를 한 분씩 모시기로 했답니다.

그래서 두 분은 일주일에 한 번씩 견우와 직녀처럼 서로 만난 거랍니다. 그러다가 할머니가 먼저 돌아가셨답니다.

"이제 나만 죽으면 돼… 우리는 또다시 천국에선 같이 살 수 있겠지…"

할아버지는 중얼거리며 창밖으로 시선을 던졌습니다. 할아버지 뺨에는 눈물이 주르륵 흐르고 있었습니다.

사연을 읽다가 목이 메어 가슴이 저려야만 했다. 이것이 말이 되는 일인가? 도대체 자식이란 인간들이 부모에게 할 수 있는 행동이란 말인가? 부모가 있어 자신들이 존재하거늘 기력이 약해지신 부모들을 헌신짝 버리듯 그런 식으로 생이별을 시켜놓고 가슴 아픈 재회(再會)를 하시는 부모님들 생각은 해보았단 말인가!

한 쌍의 잉꼬도 떨어져 있으면 외로워서 죽는다고 했거늘 하물며 평생을 함께한 부모님을 그런 식으로 갈라놓고 편안히 살았을까 생각하니 내가 치가 떨리는 것이다.

차라리 형편에 맞춰 두 노인을 함께 자식들이 교대로 모셨더라면 노부부들은 외롭게 지내지는 않았을 텐데 하는 생각도 드는 것이었다.

자기들은 하고 싶은 일 다 하면서 노부모들을 나 몰라라 등한시하다니 하다가 문득 떠오르는 것이 있었다.

몇 해 전 사무실 앞의 버스정류장에서 50대로 보이는 중년 아주머니가 등에 포대기로 싸인 것을 업고 서 있는 것이다. 난 손자라도 업고 있나 보다 생각하였다.

요즘에는 유모차로 아이들을 태우고 다니는 세상이건만 그 아주머니의 모습을 본 순간 옛날 부모님의 시절이 연상(聯想)되어 호감(好感)이 든 것이다. 그래서 다가가 아이 얼굴을 보는 순간 난 놀라 기겁을 하고 말았다.

등에 업힌 것은 아이가 아니고 시커먼 개의 얼굴이 보인 것이다. 개 머리 위에 모자까지 씌워 놓았으니 누군들 개로 알 수 있겠는가? 난 그때 꼴값 떨고 있다며 혀를 차야 했다. 아무리 제 잘난 맛에 사는 세상이지만 이건 좀 심하다는 생각이 드는 것이다. 그리고 저런 것들이 제 부모들한테는 저렇게 정성 들여 봉양(奉養)은 하고 있을까 하며 의문을 제기하며 비웃었다. 혹시 노부부의 자식들도 이런 부류의 인간들이 아닌가 하는 의구심만 생기는 것이다.

천륜(天倫)을 저버리고 자신들만의 안일을 위해 살아가는 배은망덕한 인간들은 나중에 인과응보(因果應報)의 사필귀정(事必歸正)으로 반드시 대가를 치를 것이다.

효도(孝道)는 못해도 버리지는 말아야지

오랫동안을 용인에 있는 경기도립 정신병원에 근무하는 회원을 만나게 되었다. 모처럼 만남에 저녁과 곁들여 술 한잔을 하며 안부를 묻고 이런저런 담소를 나누다 그 친구가 최근에 있었던 일을 말하며 세상이 말세라며 푸념하는 사연을 들어야 했다. 그 친구는 보호사 자격증을 획득하여 그곳에서 근무한 지 20여 년이 되었다.

지금은 보호과장 직책으로 성실히 맡은 바 직무를 수행하고 있는 친구이다. 그런 그가 말하는 것을 들으니 듣는 나로서도 사람으로선 도저히 이해가 되질 않고 또한 전혀 납득이 가질 않아 기가 막혀 말문이 막히는 괘씸하고 어이없는 이야기다.

남편은 집에서 소일해가며 풍요롭게 지내고 있고 아들과 며느리는 중학교 교사로 비교적 여유 있는 한 가정에서 정도(正道)에 벗어나는 어처구니없는 일이 있을 줄 그 누가 알았으랴!

날씨가 몹시 쌀쌀했던 초겨울 밤 10시경이었다. 급한 상황을 알려주듯 요란하게 울리는 전화벨 소리에 긴장감을 억제하며 수화기를 들었다. 아니나 다를까 당직 직원의 다급한 목소리가 들려왔다.

"과장님! 원무과 복도 구석에 있는 의자에 누가 자고 있습니다."

순간 당직 직원의 다음 말을 들을 사이도 없이 과장은 쏜살같이 달려갔다. 그곳엔 정말 웬 나이든 아주머니가 의자에 자고 있는 것이었다. 그는 추운 날씨에 이대로 두면 큰일 나겠다고 판단하여 직원들과 자고 있는 아주머니를 깨우게 되었다.

한참을 흔들어서야 그 아주머니는 잠에서 깨어났지만, 그 아주머니는 벙어리 흉내를 내고 말을 하지 않는 것이었다. 집 주소와 전화번호를 가르쳐 달라고 설득하기를 30여 분이 지났을까. 어쩔 수 없이 아주머니는 종이와 펜을 달라고 하는 것이었다. 그렇게 해서 어렵게 알게 된 주소는 다행히 수원 근처라서 우선 안도의 마음이 들었다.

그길로 곧바로 집에 전화를 걸어 보았더니 환자의 남편인 듯한 사람이 전화를 받았다. 그에게 자초지종을 말하니 오히려 대뜸 하는 소리가 "그냥 죽게 내버려 두시오"하고는 그냥 전화를 끊어 버리는 것이었다.

순간 황당하고 어이가 없어 화도 났지만 스스로를 억제하고 다시 전화했다. 한참 후에야 전화를 받았는데 이번에는 며느리가 받았다. 며느리에게 또다시 말을 전하니 며느리 또한 귀찮다는 듯이 다시 남편에게 수화기를 건네는 것이었다.

아들 되는 사람에게 또다시 말을 전하였건만 아들은 찾아올 생각은 하지 않고 그냥 밖으로 내보내라는 말만 연신하는 거였다. 순간 과장은 화가 치밀어 오름을 참을 수 없어 큰소리로 대응했다.

"당신네들이 모친의 정신병으로 너무 긴 시간에 지쳐 있는 것은 이해가 되나, 그래도 이 추운 날에 자기 어미를 밖으로 내버린다는 것은 윤리적으로나 도덕적으로 문제가 있는 게 아닙니까? 소위 당신들이 아이들을 가르치는 교육자라면 학교에서는 어린 제자들에게 도대체 무엇을 어떻게 가르친단 말이오?"라고 화를 내며 호통을 쳤다. 그러니까 체면 때문인지 하는 수 없이 마지못해 말하기를 차 끌고 갈 테니까 기다리라고 하는 것이었다.

그리고 한 시간 반가량의 시간이 흐르자 삼십 후반의 남자가 찾아왔다. 그는 척 봐도 외형적인 이미지가 전형적인 선생 그 자체였다. 과장은 그에게 이유가 어찌 됐든 자식 된 도리(道理)를 다하라고 충고하며 환자를 인도해 주었다.

세상이 변할대로 변해버린 지금, 과연 우리는 무엇을 위해 살고 있는 것일까?

그 환자의 가족들은 무엇이 더 소중한지는 생각이 없는 듯 했다. 그저 환자가 집을 나갔는지, 죽든 말든 막무가내식으로 일관하고 있는 것이다.

그렇게 떠도는 환자이기 전에 남편에겐 아내요 자식들의 어머니이건만 효도는 못 해도 버리지는 말아야 하지 않겠는가! 더군다나 자식이 교육을 일관하는 선생이라면 도대체 그는 누구에게 무엇을 가르친단 말인가!

옻나무 밑의 연가

시골 산에 가면 옻나무가 있다. 이 옻나무에 얽힌 피치 못할 괴이한 사연이 있었다. 사연 동기가 너무나 기가 막히고 여태껏 남한테 밝힐 수 없는 비밀이었기에 세월이 흐른 지금에도 무엇 때문인가 연이 되어 그때가 생각나면 혼자 실없이 웃음으로 그때를 더듬으며 웃곤 했다. 한편 이것이 추억인가 하면서도 그 추억을 더듬어 보기엔 몸서리치는 일이었다.

아주 오래전 일요일에 방영했던 '유머 1번지'란 프로 중에

'추억의 책가방'이란 소제목으로 개그맨 임하룡이 나와 빨간 티셔츠를 받쳐 입은 다음 고등학교 교복을 입고 빨간 양말을 눈에 띄게 신고 나와서 춤을 추고 하는 당시의 배경을 토대로 코메디를 하는 것을 본 적이 있다. 난 그 프로를 보며 웃기도 하였지만, 순간 어처구니없던 악의 추억이 되살아나곤 했다.

그 코메디 내용대로 당시 우리 때에는 그렇게 지냈기에 그 시절의 잊혀졌던 사연들이 꼬리를 물어 사실감 있게 생각이 나는가 보다.

그러니까 정확하게 고등학교 2학년 때 일일 것이다. 여름방학을 하면 우리 형제는 으레 그랬듯이 외가인 시골로 내려온다. 부모를 일찍 여의고 큰집에서 살고 있는 우리들을 칠순이 넘으신 외할머니는 그나마 모든 것을 다 잃고 외손자들이 한 번씩 내려와 눈에 보이며 쉬었다 가는 것을 낙으로 삼으시며 남은 생을 지탱하시는 것 같았다. 그래서 우린 우선적으로 내려온다. 아니 바꿔 말하면 이곳 말고는 사실 갈 데도 없다. 그나마 외가가 있었기에 우리는 방학이 되면 내려왔다.

얼마간의 방학 때 외가에 있으면서도 틈만 나면 나는 자전거를 타고 온양 읍내에 나왔다. 온양 친구들과의 만남에서 혹 그립고 보고픈 첫사랑의 현정이가 오지 않을까 아니면 소식이라도 듣지 않을까 해서였다. 며칠이 지나도 마음만 졸이는 것은 나 자신이었을 뿐 오매불망 기다리는 현정이는 아무런 소식이 없었다.

그렇게 무료하게 지내던 어느 날 장목기에 사는 친구 충만이가 자전거를 타고 지나가는 것을 보았다. 나를 본 충만이는 반갑게 악수를 하면서 말했다.

"야! 잘됐다. 지금 친구들과 물고기 잡아가지고 철엽을 가려고 하는데 같이 올라가서 먹고 한번 놀자."

충만이가 사는 동네는 외가가 있는 가락바위를 지나 바로 윗동네 장목기라는 곳이다. 이 동네에는 우리 동창이 여덟 명 정도가 사는데 과거 탕정국민학교에 입학할 때 같이 다녔던 친구들이다. 그 이후 1년 뒤에 나는 부모님 있는 곳으로 전학을 갔지만, 방학 때만 되면 내려오니 자주 보게 된다. 모두 진학을 한 것은 아니지만 외가에 오면 만나게 되니 모두 잘 알고 있는 터였다.

그리고 장목기에는 외할아버지 동생인 작은 외할아버지, 외할머니가 살고 계셨으며 나와 학교 동창인 동갑내기 태옥이 이모도 살고 있었다. 특히 이 마을은 손씨들이 대대손손 이어온 씨족 마을이라 대부분 어머니의 친정 친척들이었다.

나는 충만이의 권유로 아니 따분하던 참에 잘됐다 싶어 못 이기는 체 자전거를 타고 충만이를 따라 올라갔다.

마을 뒤쪽으로 뒷동산은 굉장히 넓다. 또 이곳의 역사를 알려주듯 좋고 큰 나무들이 웅장하게 많이 있으며 땡볕에 그늘을 만들어 주는 잔디밭 공간이 굉장히 넓었다. 한쪽엔 누구의 묘인지 웅장하게 자리 잡고 있었다. 내가 태어나기 전부터 있었다 하니 과거 정승이나 판서 묘쯤 되는 것 같았다.

얼마 후 친구들은 그늘이 있고 잘 다져진 평지에 솥단지를 걸었다. 그리고는 잡아 온 물고기를 가지고 갖은 양념을 넣고는 어죽을 만들었다. 이 훌륭한 음식에 과연 술이 빠질 수 있을까 하고 생각할 때쯤 아니나 다를까 잽싸게 술까지 준비한 친구들은 음식이 끓자마자 순식간에 먹어 치웠다. 정말 맛이 기가 막혔다. 바로 이 맛에 철엽을 오는가 하며 감탄할 정도였으니까. 옆 친구들이 술을 권했지만 난 한 모금도 마시지 않았다. 사내자식이 술 한 잔도 못 한다고 핀잔인지 야유를 보내는 것인지 투덜거리며 권해도 나는 천성적으로 못 한다고 하면서 끝내 만류했다. 까짓거 한잔 정도 할 수 있었지만, 그것은 현정이와 약속을 지키기 위해서였다. 무엇보다 현정이가 안 볼 때일수록 약속을 지키려는 내 스스로의 믿음을 깨기 싫었다.

언제나 이러한 자리에서 받는 고통이랄까 난처함이었다. 시간이 흐르니 알코올 힘이랄까 젊음의 탓이랄까 준비해 온 야전 전축의 레코드판은 흥겹게 굉음을 내며 돌아갔다. 울리불리와 몽키몽키, 상하이 트위스트 등 잘 기억은 안 나지만 당시의 유행하는 레코드판을 틀어놓고 춤을 추었다.

상의는 반팔 티셔츠를 입고 여름 하복의 나팔바지는 발을 흔들 때마다 통 넓은 바지 끝으로 서 있는 풀잎을 치는 것 같아 마치 잔디와 풀까지 음악과 같이 춤을 추는 것 같았다.

이렇게 두서너 시간을 같이 흔들고 놀았나 보다. 한껏 스트레스를 다 풀었는지 순진한 시골 친구들은 석양에 물들 저녁때가 되자 소를 끌고 와야 하느니 소죽을 끓여야 하느니 하면서 주섬주섬 끝내고 돌아가는 것이었다. 나도 발길을 돌려 작은 외가로 향하는데 동산 끝 마을 진입로 쪽에서 남숙이가 소를 끌고 나와 풀을 먹이고 있었다. 손에는 책을 들고나온 것으로 보아 꽤 오래전에 왔었나 본데 그동안 우리들이 춤추며 노는 것을 지켜본 듯하였다. 나와 눈이 마주치자 서로 인사를 했다.

"어! 오랜만이다."

"응. 잘 있었어? 언제 왔니? 현정이도 잘 있니?"

문득 이 말에 현정이 생각이 났다. 이 계집에 왜 하필 이 순간에 현정이를 끄집어내 가지고 내 마음을 아프게 하나. 속 쓰리게. 남은 보고 싶어 미치겠는데. 나는 태연하게 말했다.

"응, 현정이하고 연락 끊긴 지 오래됐어. 다 오래전 추억이지 뭐."

나는 꼴에 사내라고 별일 아닌 것처럼 이렇게 내뱉었다. 아니 지금 내 심정이 답답하니까 꿩 대신 닭이다 싶어 그랬는지도 모른다.

손남숙. 얘도 나의 동창이다. 탕정국민학교를 졸업하고 온양에 있는 중고등학교에 들어갔다.

그러니까 현정이하고도 동창이고 같은 반이기도 했다. 그래서 누구보다도 나와 현정이의 관계를 잘 알고 있는 편이다. 더군다나 외가집 동네에 살고 있기에 나의 친척 현황에서부터 성장 과정을 누구 못지않게 잘 알고 있는 사람이다. 단지 국민학교부터 지금까지 오랫동안을 현정이와 짝으로 전교생이 소문이 자자한 주인공인 나를 보고 시기도 하였을 것이고, 현정이와 떨어져 빌빌대고 있는 나를 보고 빈정대는 것인지도 모른다.

남숙이도 예쁘고 날씬하여 당시에는 남학생들한테도 인기가 있는 편이었다. 하여튼 이 계집애를 그 자리에서 만나지만 않았더라도 난 옻나무에 한이 서리지 않았으련만 하느님은 나를 계속해서 실험하는지 나는 얄팍한 유혹에 빠져버리고 만 것이다.

양쪽 갈래로 묶은 머리, 흰 블라우스에 빨간 나팔바지, 그런대로 어울리고 예뻐 보였다. 그 남숙이 옆에 쭈그리고 앉아 이얘기 저 얘기 마음에 없는 이야기를 하다가 내가 말했다.

"야! 이따 다시 만나서 이야기 좀 더 하자. 지금은 이목도 있고 하니까."

내가 말을 하자 남숙이는 똑바로 쳐다보더니 장난인지 아닌지를 확인이라도 하는 듯이 말했다.

"그거 말장난 아니고 진심으로 그러는 거니?"

"그래! 너와 있으니까 좋아서 이따가 좀 보려고 그런다."

이 말을 들은 남숙이는 그때서야 웃으며 장난이 아니라는 것을 확인하듯이 말했다.

"그럼 이따 일곱 시경에 우리 집 뒤 정자나무로 와."

남숙이네 집은 나의 작은 외갓집 윗집으로 바로 산 밑에 위치하였으며 동네에선 끝 집이기도 하다.

쿵덕쿵덕 뛰는 가슴을 억제하며 얼른 시간이 와주길 기다렸다. 그것도 꼴에 미팅이라고 여간 가슴이 뛰는 게 아니었다. 그날 저녁 남이 눈치채지 못하게 저녁을 먹어치우고는 시간에 맞춰 약속장소로 향했다.

팔월의 무더운 날씨가 계속되던 그날은 더군다나 견우와 직녀가 오작교에서 만난다는 음력 칠월칠석이었다.

젠장! 애타도록 그리움은 쌓이고 있건만 보고픈 현정이는 연락도 없고 순전히 꿩 대신 닭이라고 현정이 대신 남숙이를 만나러 오작교가 아닌 정자나무 아래로 갔다.

둘은 서로 만났지만 어색하고 쑥스러웠다. 난 당시 인기 있었던 영화 맨발의 청춘에 나오는 신성일처럼 폼을 잡으며 말했다.

"야! 한양에서 내려오신 귀한 손님인데 대접이 너무 소홀하지 않냐? 뭐 과일이라도 내놓지그래."

순간 남숙이는 질세라 그런지 문득 무엇이 생각났던지,

"너 참외 먹을래?"하더니 나의 팔목을 잡고는 바로 옆 자기네 참외밭으로 끌고 가는 것이었다. 밤에 하얗게 보이는 것이 잘 익은 거라면서 꾹꾹 찍어보며 헤집고 다니다 결국엔 몇개 딴 것이다. 그리고 산 밑에 앉아서 참외를 쪼개 먹으며 시간 가는 줄 모르고 시시덕거리며 소곤거렸다.

시간이 얼마나 흘렀을까. 동네가 조용하였다. 개 짖는 소리조차 없는 것으로 보아 사람들의 행적이 끊기고 그나마 고요

한 게 시간이 꽤나 깊은 것 같았다. 우리도 아쉬움을 뒤로 남긴 채 헤어져야 했고 난 자전거를 타고 가락바위 외가로 돌아왔다. 그리고는 사랑방에서 피곤함에 깊은 잠을 청했다.

칠석날에 견우와 직녀가 아닌 남숙이와 만남이 순간적 꿈을 꾸었나 싶더니, 마치 악몽으로 변해 버리는 것인지 아니면 하느님의 실험에 희생물이 되어 벌을 주시는 건지는 모르겠지만 나는 밤새도록 몸이 아파 낑낑거리다 진땀을 흘리며, 어떻게 밤을 지새웠는지 모르게 해가 산 위쯤 떠 있을 때 자리에서 일어났다.

순간 얼굴은 퉁퉁 부었고 온몸에는 도톨도톨한 게 나서 막 번지기 시작하더니 가려웠다.

"형. 밥 먹어."

뛰어들어온 막내 원식이는 이런 나를 보고 놀라는 것이었다.

"형. 왜 그래? 어떻게 된 거야?"

놀란 원식이는 일꾼인 배서방을 데려오고 옆집의 형들도 데려왔다. 식중독에 올랐다느니 똥독에 걸렸다느니 한마디씩 하는 것이었다. 얼마 후에는 할머니가 쏜살같이 오시더니 나를 보셨다.

"에그! 옻 올랐구나. 어디를 쏘다녔는지 옻나무를 건드렸나

보다."

역시 세상 오래 살고 경험이 풍부하신 노인네답게 올바른 진단을 하신 것이다. 그 길로 원식이는 자전거를 타고 온양까지 나가서 약을 조제해 왔다. 나이 어린 동생이 멀리 온양 읍내까지 가서 힘들게 정성껏 마련해 온 약도 하느님의 진노에 비하면 약과인가 보다. 약을 먹었는데도 불구하고 증세는 더 심해가기만 했다.

얼굴은 부울 대로 부어 눈이 감기다시피 하고 실 구멍만 한 구멍으로 사물을 보아야 했으며 발끝부터 머리까지도 퉁퉁 부어오른 것인지 불은 것인지 그 위에는 곰보처럼 투둘투둘 튀어나왔다.

나의 모습이 보는 이로 하여금 혐오감을 주어서인지 모두 피해버렸고, 거울로 나의 모습을 보는 나도 기절하기 일보 직전이었다. 그것은 옛날 문둥병, 그러니까 나병은 저리 가라고 완전히 헐크 같은 얼굴에 몸은 부스럼 환자였다. 만약 평생 고칠 수 없다면 일찍이 생을 포기하는 게 현명할 것 같았다.

원래 옻나무는 옻을 타는 사람이 있고 안 타는 사람도 있다고 한다. 옻을 안 타는 사람은 옻나무를 꺾어 옻 순을 먹어도 옻이 옮지 않으며 옻을 타는 사람은 옻나무를 만지지 않고 근처에만 가도 옮긴다는 것이다.

사람마다 체질에 따라 다르다고 하는데 옻이 오른 나는 이렇게 무서운 옻병에 치를 떨어야 했다. 팔월의 찌는 더위에다 옻병은 더 열이 오르며 심했다. 몸에 열은 나고 미치도록 가려우니 환장했다.

나는 외가의 건넌방에 감금되어 벌거벗고 있어야 했고 이런 나를 딱하게 생각하셨는지 외할머니는 양약도 안 들으면 방법은 하나뿐이라 하시며, 사위 오면 잡아주려고 애지중지 기르던 씨암탉의 모가지를 부러뜨리신 것이다.

옻나무와 닭은 앙숙이라 한다. 그래서 옻에 옮았을 때는 닭고기를 먹고 닭 삶은 물을 몸에 바르면 낫는다는 것이다.

이론과 원시적인 방법이 복합된 것이긴 하지만 나의 형편에 찬밥 더운밥 가리게 생겼나. 더군다나 씨암탉도 먹게 생겼는데 어찌 됐든 희생된 씨암탉과 할머니의 정성으로 나는 닭 삶은 물로 목욕을 했으며 그 귀한 씨암탉을 동생이 군침을 흘리며 동정을 살피는데도 아랑곳없이 오직 포식을 했던 것이다.

그리고 계란 노른자를 얼굴과 몸에 바르니 벌거벗은 알몸이 완전히 괴물이 된 것이다. 온몸에는 해괴한 닭 냄새가 나질 않나 가려워는 죽겠고 정말 고문도 그런 고문은 없을 것이다. 속으로는 어쩌다 이 지경이 됐는지 말도 못 하겠고 낑낑 부아만 치밀어 오르고 있을 때 더 열 받는 일이 생겨 버렸다.

그것은 옻 옮았다는 게 소문이 나자 꼬리를 물어 장목기에 나하고 동갑인 태옥이 이모 귀에 들어간 것이다. 그리고 소문을 듣자마자 태옥이 이모는 총알같이 나한테 온 것이다. 할머니의 베치마로 몸을 감싸고 있는 나의 방에 들어와 나를 보고 한다는 말이 더 기가 막혔다.

"에그! 꼴 좋다. 너 바른대로 말해 어디서 그런거야?"

"몰라! 내가 옻나무가 어떻게 생겨 먹었는지 어디 있는지 어떻게 알아?"

"난 다 알고 있어. 너 남숙이 만났지."

순간 찔끔했다. 어! 얘가 도사네. 어떻게 그걸 알았지. 남숙이 이 계집애가 나불거리고 다니나 하고 속으로 생각하기가 무섭게 또 한마디 결정적인 치명타를 먹이는 것이다.

"야. 똑바로 말해 우리 동네 옻나무 있는 데라고는 남숙이네 참외밭 밖에 없어. 너 남숙이 만났지. 현정이한테 다 일러줄 테니까 그리 알어."

난 아차 싶었다. 옻나무란 게 왜 하필 남숙이네 참외밭에만 있어 가지고 사람을 외통수에 걸리게 하나. 순간 난 시치미를 떼고 말했다.

"아, 그랬구나. 어제 집에 내려가다 남숙이가 참외 하나 따준다고 해서 밭에 들어가 깎아 먹긴 먹었는데......."

태옥이 이모는 알면서 속아주는 것인지 눈을 흘기며 일단 성질을 가라앉히는 것 같았다.

"남숙이년 참외는 자기 집에만 있나!"

그래도 가재는 게 편이라고 나를 두둔해 주는 것 같았다.

그나저나 현정이한테 이른다고 으름장까지 놓을 정도면 현정이도 참 든든한 백그라운드를 두고 있긴 했다.

나의 일이라면 적극적으로 쫓아다니며 신경을 써주던 태옥이모는 현정이를 잘 안다. 온양에서 나와 현정이 소문이 자자하자 누구보다 먼저 태옥이 이모는 현정이를 만난 것이다.

당시 태옥이 이모는 현정이 하고는 달리 다른 학교에 다녔는데 키가 크고 덩치가 좋아서 오래전부터 농구를 했다. 중·고등학교 땐 주장으로 꽤 활약을 해오던 사람이다. 작은 외갓집 막내딸로 나하고는 반은 이모이기 전에 반은 친구처럼 지낸다. 그래도 엄연히 이모라고 나의 일이라면 손발 들고 나선다.

현정이와의 사귐이 건전한 것인지 또 현정이가 어떠한 사람인지 이모 입장에서 만나야 된다고 해서 만난 것이 둘이 친해진 것이다.

나도 전에 현정이한테 들은 적이 있다. 이모를 만났다고 참 좋은 이모라고 칭찬도 아끼지 않았던 일이 생각난다. 태옥이 이모는 장차 조카며느리라고 집에 와서는 할아버지 할머니께 자랑삼아 늘어놓곤 했었다.

이런 현정이의 팬인 이모가 내가 남숙이하고 무슨 일이 있어 만났다고 생각하니 자기 나름대로 성질이 났을 것이다. 아니, 성질나는 것은 나였다. 남숙이 이 계집애가 하필 옻나무 있는 데로 끌고 가서 나를 이렇게 곤란하게 만드나. 어느 누구한테 말은 못 하겠고 속으로 욕만 할 뿐이다.

하긴 남숙이가 무슨 죄가 있나. 있다면 여자에 눈이 먼 내가 죄지. 그날 술 유혹은 잘 뿌리쳤으면서도 어찌하여 여자의 유혹에는 못 뿌리쳤는지 나 자신도 알 수가 없어 후회만 연실하게 되었다.

그러나 그것도 쓸데없는 일, 현재로선 오직 옻병과 투쟁해야 되지 않겠는가? 염병할 더위는 집안을 용광로에 달궈놓은 듯이 팍팍 쪘다. 온몸에는 계란 노른자를 덮어 땀구멍을 막아놓았으니 더욱더 미칠 노릇이었다.

더운 것은 어찌 됐든 가려운 것은 참기가 더 어려웠다. 그렇다고 벌거벗은 모습으로 나갈 수도 없고 천상 어두워지길 기다렸다. 해가 지고 시원한 바람이 불면 좀 나아질까 해서이다.

혼자서의 적막함과 고독 속에 그러면서도 고통을 이겨야 하는 그 순간을 어떻게 지탱했는지 모르겠다. 어찌 됐든 밤은 찾아왔다. 그랬는데도 열기는 가라앉을 줄 모르고 밤이라 그런지 몸은 더 가려웠다.

나는 남들이 잠잘 시간을 기다리다 할머니의 베치마를 뒤집어쓰고 개울로 갔다. 그리고는 개울 속에 몸을 담갔다. 그때서야 조금 시원하고 가려운 것도 잊을 수 있었다.

얼마간의 물속은 더위에서 추위로 다시 바뀌는가 싶었다. 나는 개운해진 몸을 이끌고 집으로 돌아와 누웠다. 그리고 잠을 청하려 했고 얼마나 지났을까 다시 온몸이 가려워 잠을 설쳤다. 마음 놓고 시원하게 박박 긁고 싶었지만 긁으면 흉 진다는 할머니의 말씀대로 그저 참기만 했다.

그런데 이 가려움은 밤이 깊어갈수록 더욱더 심했다. 특히 언제부터인가 음부 밑으로 급작스레 가려움이 심해지는 게 아닌가. 환장할 것 같았다.

그래도 참자! 참아! 하며 이를 악물고 참다가 결국엔 한계가 와서인지 예감이 좋지 않아서인지 밑으로 손을 더듬어 본 순간 “악!”하고 비명을 지르고 말았다. 뜻하지 않게 옻이 옮고 또 한 번의 황당하고 당황스런 일이 빚어내게 된 것이다.

진짜 하느님도 너무하시지 엎친 데 덮친 격으로 이게 무슨 운명의 장난이란 말인가. 글쎄 큼직한 거머리란 놈이 그것도 나의 가장 소중하고 중요한 부분에 붙어 피를 빨아먹고 있지 않았겠는가.

그러니까 개울에 갔다 온 지가 두서너 시간이 넘었는데 그때 붙어서 지금까지 나의 소중한 피를 빨아먹고 있었으니 진짜로 염병할 일이었다.

악! 소리와 더불어 이미 많은 피를 빨아 통통해진 거머리를 잡아 쥔 채 대청마루로 뛰쳐나와 마당에 내동댕이쳤다. 비명 소리와 마루 위로 뛰쳐나오는 소리에 할머니는 놀라 나오셨다. 벌거벗은 채 마루에 뛰쳐나온 내 모습을 본 할머니는 의아해서 왜 그러느냐고 물으셨다.

“개울에서 거머리가 붙었나 봐요. 지금 발견하고 내다 버리느라고 뛰쳐나왔죠.”

내 말을 들은 할머니는 놀랐겠다면서 들어가셨다. 차마 할머니한테 어디를 물렸다고 할 수가 없었다.

원통해서 도저히 잠이 안 왔다. 그리고 어찌나 놀랐는지 가

렵지도 덥지도 않았다. 그리고 억울했다. 가려움 병만 아니면 진작에 거머리를 잡을 수 있었는데 몇 시간씩이나 그것도 내 품에 길렀으니 더군다나 남자의 가장 중요한 부분 밑에서 말이다. 기가 막힐 일이 아니겠는가! 숫총각이란 것을 아는지 거머리가 그곳에 붙어 따먹은 것이다.

그러니까 난 졸지에 거머리한테 순결을 잃은 멍청한 덜떨어진 인간이 된 것이다. 이런저런 생각에 기가 막혀 밤을 새웠다. 순간의 선택이 꼬리를 물고 늘어지는 악순환에서 역시 진실만은 하느님이 아시는가 보다.

두 번 다시 한눈을 팔지 않겠노라. 길이 아니면 가질 않겠노라. 수없이 되새기며 뼈저리게 후회하던 한때였다.

뒤바뀐 편지의 사연

편지를 기다릴 때의 즐거움이 오히려 받아서 펴볼 때 보다 더 나았는지 모른다. 평생을 많은 편지를 써보고 받아보았지만, 아련히 떠오르는 그 시절, 편지에 얽힌 사연을 생각하노라면 배꼽 잡고 웃은 적이 있어 그때의 일들을 잊을 수가 없다.

그러니까 오래전 대학입시를 앞둔 전해의 여름방학 때일 것이다. 홍은동에서 옹기종기 살던 시절, 어느 날 친구 재호 아버지께서 상헌이와 나를 좀 보았으면 좋겠다고 오라는 전갈을 재호 동생 편으로 보내신 것이다.

상헌이와 나는 의아해하며 재호 아버님을 뵈러 가게 되었다. 그때는 재호도 막간을 이용하여 원주의 고모 집에 가서 없었다. 그럴 때 친구인 재호 아버지께서 부르시니 우리는 몹시 궁금해했다.

우리를 본 재호 아버지께서는 우리가 앉자마자 대뜸 물으셨다.

"애들아, 너희들 혹시 소옥이라고 아느냐?"

상헌이와 나는 갑자기 여자 이름을 대시며 아느냐고 물으시는 재호 아버님 말씀에 어리둥절하다 기억을 더듬어야 했다.

언젠가 우리들이 동네 위에 있는 낙타바위에서 있을 때 지나가는 여학생을 보고 예쁘다고 휘파람을 불며 야유를 보낸 적이 있는데 바로 윗동네 사는 여학생이라는 것을 알았다. 그때 누구의 입에선가 세검정 학교에 다니는 소옥인데 지름길인 산길로 넘어 다닌다는 말을 들은 적이 있었다.

"예. 저 윗동네 사는 여학생인데요."

"이 여자애하고 재호와는 잘 아는 사이냐?"

우리는 갸우뚱거리며 그건 알 수가 없었다. 원래 재호는 내성적이라 우리한테는 그런 이야기를 하지 않았고 또 누구한테도 들어본 적도 없었다.

"그건 잘 모르겠는데요."

순간 재호 아버지께서는 화를 벌끈 내시며 재호가 없으니까 우리한테라도 화를 내고 싶으셨나 보다.

“학생들이 공부는 안하고 이렇게 다른데 정신을 뺏기니 이거 되겠어. 지 애비도 모르고 계집애도 구분 못하니 참내 기가 막혀서.”

순간 영문도 모른 채 바늘방석에 앉아 있어야 했던 우리들은 불안해하다가 나중에 재호 아버지께 자세한 이야기를 듣고서야 재호 아버지께서 왜 우리를 보자고 하셨는지 알 것 같았다. 그리고 하도 우스웠지만 재호 아버지 앞에서 웃지는 못하고 후에 낙타바위에 와서 둘이서 데굴데굴 굴러가며 웃었다.

재호는 원주에 고모가 계셔 방학 때가 되면 얼마간 원주로 고모님을 뵈러 간다. 원주에 가서 공부하며 지내다 그래도 아버지께 문안 인사를 글로나마 꼬박꼬박 잘 올렸는지 그것까지는 효행상이라도 받을 일을 했건만 공교롭게도 같은 날 아버지께 올리는 편지와 짝사랑하는 소옥이에게 편지를 동시에 썼나 보다. 그리고는 편지봉투를 쓰고 그다음으로 내용물이 서로 바뀌 들어가 버린 것이다.

그것도 모르신 아버지께서 떨어져 있는 자식의 편지를 반갑게 받아 읽으려는 순간 보고 싶은 소옥씨 어쩌구 저쩌구 써 있었을 테니 그 순간 재호 아버지 표정은 어떠하셨을까. 어디 그것뿐이랴! 같은 시간에 소옥이라는 애는 웬 러브레터가 왔나하며 들뜬 마음에 편지를 열어본 순간 아버님 전상서란 글이 나왔을 테고 그때의 소옥이 표정은 어떠했을까. 그리고 서울 집에는 발칵 뒤집혔는지도 모르고 뒷짐 지고 초조하게 왔다 가며 열심히 답장을 기다리고 재호를 생각하니 웃음이 절로 나오며 배꼽 빠지는 줄 알았다.

그렇게 아주 오래전에 황당하고 당황스러운 사연으로 동네의 낙타바위에서 웃을 수 있는 추억을 남길 수 있었다.

21세기에 들어서자 인터넷 발달로 모든 게 변하여 컴퓨터 자판으로 온라인이나 핸드폰을 통해 간편하고 빠르게 서로 주고받고 이용하고 있지만 서면으로 써오던 그때 그 시절의 그리움과 기다림의 애환이 담긴 사연을 간직할 수 없고, 정다운 감이 없어 왠지 아쉬운 감이 있기만 하다.

그래도 편지에는 갖가지 사연의 여러 종류가 있는 것이다. 멀리 떨어진 자식이 부모님께 올리는 서신이 있는가 하면 또 부모가 자식을 그리워하며 보내는 서신이 있다. 설마 이런 것까지 핸드폰으로 가볍게 한다면 이는 위계질서(位階秩序)가 문란해질 것이 자명(自明)한 일이다. 아무리 좋은 세상이라도 컴퓨터로 보내는 편지와 서면으로 보내는 편지는 구분하여야 할 것이다. 또 군에서 근무하는 누군가에 보내는 전선편지와 하다못해 교도소에 수감 중인 누구에게 보내는 편지는 다시금 그리움과 기다림의 애환(哀歡)의 사연을 간직할 수 있기도 한 것이다.

유리야! 유리야!

부모가 자식들을 키우다 보면 누구나 많은 우여곡절의 사연들을 겪게 된다. 그 사연에 따라 평생 기억 속에 각인(刻印)이 되어 문득 어느 순간에 떠오르곤 하는 것이다.

한때 순간이나마 가슴 조이며 애타는 심정으로 발을 동동 굴러야 했던 기억 속에 사연이 있었다. 젊은 시절, 어려운 가운데 출판사를 개업하고 정신없이 바쁘게 뛰어다닐 때 일이다.

어느 날 사무실에서 일을 하던 중에 전화가 왔다. 아내의 전화다. 전화 속의 아내는 목이 메인 음성으로 떨리며 다급하게 말을 잇는 것이다.

"유리가 교통사고를 당해 지금 면목동 시립병원 응급실 중환자실에 있어요."라고 말하는 것이었다. 순간 나는 놀라 가슴이 축 내려앉는 게 다리의 힘이 빠져 다시 의자에 주저앉고 말았다. 유리는 하나밖에 없는 딸이다. 이제 갓 초등학교에 입학한 유리가 교통사고로 그것도 응급실의 중환자실로 실려가 있다 하니 청천 병력 같은 말에 놀라고 기가 막혀 어안이벙벙하여 정신이 나갔다. 한참을 그러다 정신을 가다듬고 자리에서 일어나려니 다리가 후들거려 걸을 수가 없었다. 가까스로 직원의 도움을 받아 운전을 부탁하고 병원으로 향하여 나서게 되었다. 머리속은 온통 유리 생각뿐이다. 갖가지 상상을 해가며 마음은 급하게 병원으로 재촉했다. 그날따라 차는 엄청 밀리고 매일같이 가깝게 느꼈던 거리는 아주 멀기만 했다. 나는 샛길을 안내하며 급하게 재촉을 했다.

마음속에는 "유리야! 유리야! 죽으면 안 돼, 아빠가 간다. 제발 살아만 있어 다오."하며 애간장을 태우면서 눈물을 흘리며 하느님께 빌고 또 빌어야 했다.

병원이 눈에 들어오자 그래도 단숨에 달려갈 수 없음에 안타까움은 아예 손을 뻗어 저 병원을 손으로 잡고 끌어당겨 들어가고 싶은 착각까지 들었다.

차에서 내려 허둥지둥 응급실을 찾아 들어갔건만 도대체 어디에 있는지 눈에 안보는 것이었다. 병원에 다녀보지 않은 나는 응급실을 찾다가 시간을 보내는 게 원통하여 사람들에게 물어 본 다음에야 문을 열고 복도를 들어가게 되었다.

그런데 복도 끝에 긴 의자에 어린아이 두 명이 앉아 있고 옆에 아내가 서 있는 것이 보였다. 다급히 곁으로 다가서니 어린아이 중 한 명이 유리인 것이다. 나는 유리가 앉아 있는 것을 본 순간 반가워 말문이 막혔다. 자동차 사고로 응급실로 실려 왔다는 유리가 응급실도 아닌 복도에서 친구와 둘이 막대사탕을 빨고 있으니 이게 말이 되는 일인가 기가 막혀 어찌 된 일이냐고 아내에게 물었다.

그러자 옆에 계신 노인 한 분이 나에게 다가와 고개를 숙이며 다짜고짜 "제가 잘못했습니다. 죄송합니다."라고 말하는 것이었다. 영문을 몰라 어리둥절하는데 그때 아내가 말을 해주는 것이었다.

동네에서 전파상을 하시는 어르신이라고 하는 것이다. 어르신은 동네 어디에선가 출장일을 끝내고 막걸리까지 걸치고는 얼큰

해지자 오토바이를 타고 전파사로 가던 중이었고, 그때 유리는 학교에서 파하고 하굣길에 친구와 손잡고 집에 오는 도중에 모퉁이를 돌자마자 어르신의 오토바이에 치여 유리와 친구는 내동댕이쳐졌고 그러자 노인은 급한 김에 택시에 아이들을 실어 병원 응급실에 온 것이란다. 다행이 유리는 이마를 다쳐 몇 바늘을 꿰맸고 친구는 팔에 자상이 생겨 꿰매고 치료했다는 것이다.

이유가 어찌됐든 그만한 게 다행이었다. 순간 애간장 녹이며 간 떨어지는 줄 알았건만 살아 있다는 것만으로도 행복이 찾아온 것 같았다.

그때 노인은 죄송하다며 앞으로 치료비를 다 대며 보상을 하겠다고 합의금을 준다고 한 것이었다. 난 손을 저으며,

“어르신 제 딸을 이 정도에 살게 해준 것만으로 제가 감사드립니다. 치료비도 필요 없고 더 이상 돈도 필요 없으니 그냥 가십시오. 난 자식 다쳐서 주는 그런 돈 받고 싶지 않습니다. 그러니 오늘 일은 없었던 일로 하시고 앞으로 술 드시고 오토바이 타지 마세요.” 그렇게 하고는 유리를 데리고 집으로 돌아온 것이다.

그 후 노인은 틈만 나면 과일 보따리를 들고 몇 주간을 유리의 상태를 걱정하며 찾아오셨다. 오랜 세월이 흘렀건만, 그때의 아찔했던 기억은 지금까지 생생한 것이다.

원래 우리 집안은 대대로 아들만 많고 딸이 귀한 집안이다. 나의 형제 또 큰집 형제도 아들만 다섯이고 그들이 낳은 자식들도 다 아들인데 그중 한 명이 아들 둘 낳고 기어코 딸을 하나 낳겠다고 결심하고는 정말로 딸을 낳았다. 그래서 큰집 작은집의 많은 사내 사이에서 그 딸은 공주같이 바라보며 사는 집이다.

그런데 내가 결혼에서 딸인 유리를 낳았다. 한순간 기막히고 신기해 꿈을 꾸는 것 같았다.

딸을 낳고 얼마 뒤 장모님께서 작명소에 가서 이름을 지어 오셨는데 그때 이름이 유림이었다. 난 여자 이름이 미음자가 들어가 부르는 게 어색한 거 같아 아예 미음자를 빼고 유리라 했다.

유리는 한자는 없고 순수 우리말로 유리처럼 맑고 유리 공주처럼 예쁘고 귀하게 자라라는 뜻으로 지었다고 훗날에 말을 하곤 했다.

딸이던 아들이던 하나만 낳고 잘 키우겠다고 다짐하고 살아왔는데 십 년 가까이 되어서 하나를 또 낳았는데 또 딸이었다. 그래서 작은 딸의 이름을 소리라 지었다. 후에 욕심이 생겨 아들을 낳는다면 그놈 이름을 '난다'라고 지어 문장의 마침표를 찍으려 했건만, 이 아빠가 싫은지 '난다'는 나타나지 않고 여태껏 소식이 없는 것이다.

딸만 둘이 있다 보니 모든 게 생소하다. 남자들만 있는 집에서 생활하며 살아왔던지라 그런가보다. 아내가 두 딸들을 끼고 보살피며 살다 보니 두 딸들도 품성이 자기들 엄마를 닮아 똑같아지는 것만 같다. 그러니 자기들 엄마하고만 쑥덕거리고 난 왕따를 시키는 것이다. 일요일에 눈을 뜨면 여자 셋이 몽땅 목욕탕을 가버리고 쇼핑을 하러 가도 여자 셋이 몽땅 가버리는 등 완전 나를 열외시킨다. 그래서 한때 나도 '난다'가 있으면 좋겠다고 부르짖었던 것이다. 그러나 '유리 소리 난다'의 꿈은 영원히 무산되었다

의사 말은 다 믿을 수 없다.

며칠 전부터 위에 어금니가 아파 잠을 설쳤다. 낮에는 괜찮은데 밤에 자려고만 하면 치통(齒痛)으로 밤새도록 설치는 것이다. 어찌된 게 나는 어금니마다 사랑니가 옆으로 튀어 나와 오래전에 두 번은 빼고 치료를 받았었다. 잊을 만하니 이번엔 왼쪽 위에 어금니 옆의 삐쳐 나온 사랑니가 사람을 잡는 것이다.

참다 참다가 오후에 치과를 갔다. 치과의사는 엑스레이를 찍어 보고는 당장 발치(拔齒)를 해야 한다고 해서 묵중한 무게로 억누르며 힘들게 잡아 뽑아낸 것이다. 그리고는 뽑은 치아를 보여주니 굵직한 게 썩어 흉측스러웠다. 나도 모르게 혀가 뽑은 데로 가니 이의 끝부분에 휑 하니 구멍이 나 기분이 묘했다.

치과의사는 거기다 거즈를 집어 놓고는 먹을 약을 처방해 주고는 아물 때까지 3일간은 절대 술을 먹으면 안 된다는 것이다. 만약 술을 먹어서 곪게 되면 큰일 난다고 온갖 겁을 주는 거였다. 나는 알았다고 하고는 병원에서 시키는 대로 약을 지어 복용하였다.

우선적으로 아프질 않아 살 것 같았다. 앓던 이 빠지면 시원하다는 말이 실감 나는 것 같았다. 그렇게 이를 빼고 사무실로 들어왔다. 그런데 저녁때가 되어 전화가 왔는데 귀한 손님 전화였다. 소설가 이종학 선생님이신데 나의 회사에 첫 번째로 책을 내주신 분이시다. 선생님께서는 충남 공주사람으로 삼십여 년 전에 캐나다에 이민을 가시고 그곳에서 작품 활동을 하신다. 그런 선생님께서 오랜만에 고국에 오셔서 나를 본다고 오신다는 것이다.

그러면서 보신탕이 먹고 싶어서 그러니 근처에 보신탕집을 찾아 놓으시라는 것이었다. 연세 드신 어르신께서 귀한 시간을 내서 오신다는데 만류할 수도 없어 보신탕집을 찾아 놓았다. 그러나 무엇보다 걱정이 앞섰다. 그것은 내가 보신탕을 못 먹기 때문이다. 어렸을 때부터 먹을 기회는 많았지만 난 먹지 않았다. 체질적으로 맞지 않아서인지 왠지 냄새도 싫어 가까이 가기도 싫고 먹으면 꼭 입에서 개 짖는 소리가 나올 것 같은 느낌이 들어서이다.

어찌 됐든 선생님은 오셨고 나는 선생님을 모시고 찾아놓은 근처 보신탕집으로 갔다. 그리고는 "제가 보신탕을 이제 배우는 중이라 잘 못 먹습니다."라고 말씀드리며 삼계탕을 곁들어 시켰다. 선생님은 이런저런 말씀을 하시며 그동안 간간히 보신탕이 먹고 싶었는데 캐나다에서는 먹을 수 없어 벼르고 있었다며 맛있게 드시는 것이었다. 거기까지는 그런대로 다 좋았는데 보신탕엔 소주가 그만이라고 소주를 시키는 것이다. 난 차마 오늘 이를 빼서 술을 못 마신다고 할 수가 없었다. 모처럼 멀리 타국에서 오셨는데 보신탕도 못 먹는다 하였는데 술까지 이유를 대며 먹지 않겠다는 것은 선생님 기분을 잡치게 하는 것 같았다. 그래서 난 에라! 모르겠다 죽기 아니면 까무러치기다. 잇몸이 곪든지 말든지 하고는 선생님과 주거니 받거니 하며 대작(對酌)을 한 것이다. 그렇게 선생님과 오랜만에 만나 희열(喜悅)의 시간을 보내야 했던 것이다.

그렇게 이를 빼자마자 그날로 먹으면 안 된다는 술을 먹은 것이다. 기왕 이렇게 된 거 지금부터라도 술을 먹지 말자 다짐했건만 다음날도 또 먹어야 했던 일이 생긴 것이다. 참 기가 막힌 팔자소관이다.

그날은 오후에 전방부대의 참모가 국방부로 출장 왔다가 날 보려고 들렀다며 저녁때에 온 것이다. 난 반가움에 그를 맞이해야 했고 저녁을 대접하다 보니 자연히 술을 먹게 되었다.

이렇게 이를 빼자마자 먹지 말라는 술을 연이어 먹었으니 걱정이 앞서는 것이다. 그렇지만 "술을 먹었어도 약은 잘 챙겨 먹었으니 제발 탈이 났어도 조금만 났어라"하며 삼일이 흐른 뒤 난 잔뜩 겁을 먹고 치과에 갔다.

기왕 저질러진 거 매도 먼저 맞으랬다고 의사한테 술 먹었다고 이실직고하려는데 간호사는 틈을 주지 않고 들어서자마자 나를 의자에 앉히고 입을 벌리는 것이었다. 그러자 의사가 다가와 내 치아 상태를 보더니 하는 말이 더 기가 막혔다.

"잘 하셨습니다. 시키는 대로 술을 안 드셔서 잘 아물러졌습니다."하고는 치료하며 봉합을 하는 것이었다. 난 거기다 대고 할 말이 없어 그냥 아무 말 못하였지만 내심 어이없어 이게 말이 되는 스토리인가 하고 그렇게 치료를 받고 나온 것이다. 이러니 내가 의사 말을 믿어야 할지 생각할 부분인 것이다.

또 언제인가는 인쇄소를 가게 되었다. 우리 책이 인쇄가 잘 되고 있나 확인 차 갔는데 그때 인쇄 기계는 한참 종이를 밀어내며 활동력 있게 돌아가는 것이었다. 그런데 종이 위로 미세한 먼지가 떨어지는 것이 보이는 것이다. 그래서 천정을 올려보니 천정에 댄조를 해놓은 베니어합판이 밑으로 벌어져 거기에서 먼지가 떨어지는 것 같았다. 난 저것을 막아야 하겠네 하다가 마땅히 할 사람이 없자 긴 사다리를 끌고 와 사무실 여직원에게 붙잡으라 하고는 내가 사다리로 올라갔다.

높은 천장이다 보니 사다리끝 부분까지 올라가 겨우 못을 박았다. 그리고 내려오려는데 순간 균형을 잡지 못하여 한쪽으로 치우치면서 높은 데서 사다리를 깔고 넘어지고 말았다. 순간 엉덩방아를 찧으며 왼쪽 팔이 사다리 밑으로 들어가고 그 위로 내 몸이 떨어진 것이다.

난 아파서 데굴데굴 구르며 고통을 호소해야 했고 참다 참다못해 소주 한 병을 사오라고 해서 그걸 다 마셨다. 그리고 사무실 쇼파에서 취기에 잠들었는데 깨고 나니 팔이 부어오르고 욱신거리며 아팠다. 괜찮아지겠지 하며 있다가 차를 몰고 집으로 온 것이다. 뜨거운 물에 찜질하고 집에 있는 진통제를 먹고 잠을 청했는데 시간이 갈수록 팔목은 부어 오르고 통증이 심하였다.

견디다 못해 아내는 병원에 가자고 준비하니 새벽 2시다. 현관문 앞에서 시끌벅적 하니까 옆집의 반장 아저씨가 궁금하여 나오셨다. 난 팔을 보이며 자초지종 말하자. 골절에는 한양대 병원이 최고니까 거기에 가보라고 하는 것이다. 그래서 아내와 둘이 택시를 잡아타고 한양대 병원으로 가야 했다.

응급실로 들어가 오랫동안을 기다리자 젊은 의사가 다가왔다. 그리고는 언제 어디서 어떻게 해서 다치게 되었느냐며 어떻게 아프냐고 묻는 것이다. 난 있는 그대로 소상히 말을 했다. 나는 의사가 와서 물었으니 곧 어떤 조치가 있겠구나 했는데 한참을 기다려도 소식이 없었다. 오히려 또 다른 의사가 와서 전과 같이 똑같이 묻고 가는 거였다.

팔은 아파 머리는 혼미해지는데 해달라는 치료는 안 해주고 간만 보고 가듯 의사가 와서 그렇게 하고 가는 것이다. 얼마 후 또 다른 의사가 다가와 또 전과 똑같이 묻길래 난 욱하고 성질나 한마디를 하게 되었다.

"지금 나를 심문하는 거요. 난 지금 몹시 아파 급하게 치료를 받으러 온 거지 의사들한테 반복해서 진술하러 온 게 아니니 아예 녹음해 놓고 들으시오."라고 내질렀더니 조금 후 이번엔 진짜 의사인지 다가와 내 손을 만지며 살펴보더니 간호사한테 주사를 놓으라 하고는 엑스레이를 찍으라는 것이었다.

주사를 맞아서인지 아픈 것은 점차 없어지는 것 같았다. 얼마 후 의사는 엑스레이 필름을 판독하더니 뼈에 금이 가 부러졌다는 것이다. 깁스를 하고 보름 동안의 약을 가져가 먹고는 보름 후에 다시 오라는 거였다. 난 얼마간 깁스를 해야 하냐고 물었더니 한 달간 하면 된다는 것이었다. 그렇게 해서 그 길로 깁스를 하고 집으로 돌아온 것이다.

젠장! 주사 맞고 엑스레이 찍고 깁스하는데 30분 정도밖에 걸리지 않았다. 그런데 아프다고 발 동동 구르며 이 의사 저 의사에게 시달린 게 두 시간이 걸렸으니 꼭 죽어가는 사람도 면접시험 보는 거 같아 두번 다시 병원에 발 들여놓고 싶지 않았다. 어찌 됐든 그 후 난 깁스를 하고 생활을 하였고 지어온 보름 동안의 약을 착실히 먹었다. 그리고 병원에 가야 하는데 병원의 징크스가 떠올라 가지 않았다. 식구들이 병원 가라고 잔소리를 해도 난 알아서 한다고 하고 그렇게 또 보름이 간 것이다.

깁스한 지 한 달이 지나서 난 쇠톱과 망치를 들고 베란다에 가서 썰고, 치고 해서 깁스를 풀었다. 그동안 답답하고 불편했는데 순간 홀가분한 게 죄인이 수갑을 푼 것 같은 기분이 들어 날아갈 것 같기만 하였다.

옆에서 이를 본 식구들 표정은 어이없고 기가 막힌 표정을 지으며 정말 못 말린다고 한다. 난 "의사의 말은 반만 믿고 반은 내

의지대로 하는 것이다"라고 말했다. 지금까지 깁스했던 팔은 별 탈 없이 잘 견디고 있다. 지금도 아내는 어쩌다 병원에 관한 이야기를 사람들과 나눌 때면 그때를 떠올려 저이가 그런 사람이라고 말을 하며 웃음을 자아내곤 하는 것이다.

혹 이런 꼴 당했거나 보신 적 있습니까?

얼마 전 일입니다.

갑자기 지방에서 귀한 손님이 오셨다기에 그분이 계신 곳으로 찾아 나서게 되었습니다. 다행히 그리 멀지 않은 곳이라 버스를 타게 되었습니다.

지하철로 두 정거장 가서 다시 버스를 갈아타고 두 정거장 가면 되는 곳이었습니다. 지하철에서 내려 급한 김에 허둥대며 정류장까지 뛰어가다시피 가서 다행히 먼저 오는 버스에 올라타게 되었습니다. 그때가 3~4시경 학생들이 하교할 때라 그런지 제법 버스 안은 일반인과 남녀 학생들로 약간 복잡했습니다.

버스에 올라 안으로 들어가는데 버스 뒷좌석에서 노인들의 성난 어조의 음성들이 들려왔습니다. 그러자 어린 학생들이 노인을 향해 맞대응하는 욕설이 들렸습니다.

얼마 있으면 내려야 하기에 난 출입구 쪽으로 뚫고 나가게 되었고 그때야 그 광경을 목격하게 되었고 한마디로 너무나 어이가 없고 기가 막혔습니다. 버스 좌측 의자 열에는 70대 노인들 4~5분이 각기 편이 되어 한 말씀씩 하시는 거였고 우측 열에 앞뒤로 중학교 남학생 두 명이 노인을 상대로 말대꾸를 하며 욕지거리를 하는 것이었습니다.

"네가 뭔데 참견이야." "씨X, X같네." "늙으려면 곱게 늙어라." "그래, 우리 집은 니들 같은 꼰대 안 키운다."는 등등 "자신 있으면 내려서 맞짱 뜨자."는 등 정말 가관도 아니었습니다.

화가 난 뒷줄의 어르신이 "이 몹쓸 놈의 자식들" 하고 머리통을 쥐어박으려 하자 "그래 돈 벌었으면 쳐봐라"라고 대드는 것이었다. 또 다른 어르신이 "참으십시오. 이런 애들 잘못 건드리면 큰일 납니다."라고 말리는 것이었고 어린 학생들은 의기가 당당하여 더 난리 치는 것이었습니다.

붉으락푸르락 성이나 분노하신 어르신은 도저히 묵과할 수 없다고 너희 부모를 만나 보겠다고 버스 안의 노인들을 증인으로 하여 힘을 모으는 것 같았습니다.

원래 이런 일을 그냥 보고만 있지 않은 나의 성격이지만 그냥 사람들 틈바구니를 뒤집고 들어가 그저 귀싸대기를 갈기고 싶은 마음 간절했지만 많은 사람들이 합세해 상항을 펼치는지라 또 급한 약속 때문에 그 자리에서 내려야 했습니다.

그런데도 내 마음은 무거웠고 기분 또한 더러웠습니다. 조금 전 노인들의 음성이 뇌리를 스쳐갑니다. "대한민국은 망했다. 진짜 말세다 말세. 어떻게 중학교 2학년밖에 되지 않은 놈들이 저 모양이니 나라의 앞날이 불 보듯 뻔하지 않겠는가."라고........

정말 그렇습니다.

어떻게 자기 아버지의 아버지뻘 되는 어르신들께 말도 안 되는 말과 행동을 할 수 있을까요?

그때 그 장면이 하도 기가 막혀서 며칠 밤을 잠을 설쳤습니다.

도대체 교육부, 학교, 가정에서는 무엇을 가르치는 것일까요? 이기주의가 팽배한 지금의 사회는 오직 자기만 알고 그러기 위해선 학부모가 교사를 두들겨 패고 제자가 스승에게 폭력을 휘두르는 사회가 되었으니 이것이 진정한 자유국가를 표방하는 민주주의의 올바른 교육이라 할 수 있을까요?

이미 교육의 참뜻인 仁, 忠, 孝, 義는 이미 망각해 나가고 도대체 누가, 누구를 위해 무엇을 가르치는 걸까요? 교육을 百年之大計라 했습니다. 무엇보다 시급한 게 먼저 인성을 위한 진정한 교육이 훌륭한 교육 아닐까요.

교육을 위해 이사 다니는 맹자 엄마는 어딜 갔고, 어두운 밤에 인절미 썰던 석봉이 엄니는 어딜 갔을까요.

그 엄마들이 자식 팽개치고 강남에서 땅 투기하다 보니 자식들이 저 모양이 된 거랍니다.

그리고 이 자식들이 몇 년이 지나 군대에 간다면 과연 군대생활은 잘 할 수 있을까요.

어쩌면 몇년 전 물의를 빚었던 전방사단에서 총기 난동을 벌인 김머시기 같은 제2의 인물이 나오지 말란 법 없지 않습니까.

아무튼, 이쯤에서 각설하고......

마지막으로 미래의 대한민국을 이끌 대통령 후보님들께 묻고 싶습니다.

후보님들이 TV토론에 나오면 질문자들의 답변을 기가 막히게 척척 답변을 잘하시던데 제가 묻고 싶습니다.

앞서 말한 버스 상황에서 노인들이 아니고 만약 그 상대가 후

보님들이었다면 그 상황을 어떻게 대처하시겠습니까?

흔쾌히 답변을 주신 분을 전적으로 지지하겠습니다.

이미 지나온 우리의 역사를 제대로 아는 것도 대단히 중요하겠지만 작금(昨今)에 처해있는 현실을 치료해야 하는 것이 급선무 아닐까요?

요즘 돌아가는 국내현황들, 나라 걱정 때문에 잠을 못 이룬답니다.

살아있는 사람을 애도(哀悼)하기 위해 조문(弔問)가게 된 황당했던 사연

살다 살다 살아있는 사람을 애도(哀悼)하기 위해 조문(弔問)을 가야 했던 황당하고 기가 막히는 사연이 있었다. 아마 영문을 모르는 사람들은 상대가 얼마나 죽기를 확수고대 했으면 죽기도 전에 미리 조문을 갔을까하며 충분히 오해를 할 수 있는 상황이다.

분명 아침나절에 핸드폰 문자로 부고(訃告)를 받았건만 장례식장을 찾아가 조문을 가니 그런 사람이 안치되지 않은 것이다. 기가 막혀 순간 웃어야 할지 울어야 할지 너무나 어이없는 상황이 눈앞에서 펼쳐지고 말았다.

몇 해 전 구의동에서 살 때의 일이다. 아이들 학교 문제로 구의동에서 살게 되었는데 출판사에 종이를 납품하는 지업사를 운영하는 연세 많으신 이 회장님이 이웃에 살고 계셨다. 이 회장님은 함경북도 사람으로 한국전쟁 시 남하(南下)해서 그동안 억척스럽게 살다 보니 일찍이 자수성가(自手成家)하여 집도 두어 채 장만하고 사업체로 지업사와 큰 인쇄소를 경영하시는 분이시다.

나는 이분께 많은 도움을 받으며 여러 가지를 두루 배우며 인생의 선배로서 많은 조언을 들었다.

집이 근처이다 보니 자주 뵙게 되고 또 생각나시면 전화를 하시어 술 한 잔씩 하고는 하였다. 그러다 보니 자주 가는 식당에서 종종 만나게 되는 것이다.

언제부터인가 식당을 운영하는 여주인도 우리가 하도 들락날락하다 보니 이물 없이 대하게 되었고 편안한 이웃사촌으로 지내게 되어 가족들과 하다못해 여주인의 친구들까지 알게 되어 자주 합세하여 세상사를 토로(吐露)하며 술을 마셨다.

여주인은 서영숙이란 이름으로 나보단 서너 살 위다. 사람들이 많이 모이다 보니 난 그를 왕누님이라 칭하고 왕누님도 나를 동생이라 부르며 지내게 되었다. 또 왕누님 친구를 모두들 고모라고 부르기에 고모라고 별명으로 부르게 된 것이다.

먼 친척 보다 이웃사촌이 더 가깝다고 자주 접하다 보니 친한 가족이 된 것이다. 이 왕누님의 지난 팔자는 기구했다. 슬하에 4녀 1남의 어린 자식을 두고 어느 날 지아비가 운명을 달리하는 바람에 졸지에 청상(靑孀)이 된 것이다.

넉넉지 못한 살림에 다섯의 자녀들을 입히고 먹이고 반듯하게 교육 시키느라고 고된 세월을 보낸 듯 고운 얼굴에는 주름이 소복이 쌓이는 것 같았다. 그동안 험난한 세상을 등지고 사느라 얼마나 힘들고 외롭고 고된 생을 사느라 고생 많았으랴!

이 회장님도 윗사람으로 이분의 노고를 격려하며 좋게만 받아들여 모든 걸 아까워하지 않았다.

이렇게 지내다 보니 집안의 경조사에도 참여하게 되어 왕누님과 고모님의 자녀가 결혼을 하게 되면 참석하기도 하였고 하다못해 우리 집에 김장을 하게 되면 모두 두 손 젖히고 와서 거들곤 한 것이다. 그리고 故 정경화 소령 추모식에도 초청하여 전방부대에도 참여하였고 각자가 생일이 되면 초대하여 축하도 하며 오붓한 시간을 갖기도 한 것이다.

그런데 이 왕누님한테는 남동생이 하나 있는데 얼마 전에 위암으로 판명되어 투병 생활을 하고 있던 거였다. 그래서 만날 때면 동생 생각을 할 적마다 눈시울을 적신 적이 많이 있었다.

그래도 가끔 보게 되면 동생의 안부를 묻게 되는데 그때면 눈물을 흘리며 아무래도 오래 못 버틸 것 같다고 말을 하는 것이다.

그런 일이 있고 난 며칠 후 지나가다 들렸더니 가게에는 왕누님은 없고 일하시는 아주머니는 왕누님이 동생이 위독하여 병원에 갔다며 아무래도 오늘을 못 넘길 것 같다고 말을 해주는 것이었다. 그랬구나 하며 집에 들어왔건만, 다음날 아침에 운명했다는 부고를 받은 것이다.

얼마 후 이 회장님으로부터 전화가 왔다. 이 회장님도 나와 같은 부고를 받고 나에게 언제 조문을 갈 거냐고 묻는 것이었다.

난 그날따라 외국에서 중요한 손님이 와서 전날 약속을 해놨던지라 저녁에는 갈 수 없는 사정이었다. 회장님께 자초지종을 말씀드리고 “기왕 갈 거면 점심시간 때에 점심 들고 같이 가시는게 어떨까요?”하며 물으니 이 회장님께서도 그게 좋겠다고 하여 그 시간에 서울대병원 장례식장 앞에서 만나기로 한 것이다.

그렇게 해서 오후에 부지런히 가서 이회장님을 만나 장례식장으로 들어간 거였다. 그런데 장례식장 7호실은 고인(故人)의 이름이 아닌 다른 사람이었다.

두리번거리며 왔다 갔다 이름을 확인해 보았지만 그런 이름은 없는 것이었다. 귀신이 곡할 노릇이었다. 하는 수 없이 장례식장 사무실에 가서 물어보니 거기에서도 그런 사람 이름으로 영안실에 접수된 게 없다고 하는 것이었다.

그래서 생각하다 하는 수 없어 병원 원무과에 가서 물어보기로 하고 원무과로 발길을 돌린 것이다.

원무과에서 물어보니 컴퓨터로 조회를 해보고는 "어! 이환자 x동 x호 입원실에 입원 중인데요."하는 것이었다. 진짜 기가 막히고 황당한 일이었다. 난 문자를 보여주며 자세히 확인 좀 해달라고 했다. 돌아가셨다고 이렇게 문자가 와서 조문을 왔는데 이럴 수가 있느냐고 했더니 그 사람은 어디엔가 전화를 하며 이야기를 하는 것이었다. 그리고는 나를 향해 "입원 중인 것이 맞습니다. 중환자실에서 운명을 하셨다 다시 소생하여 입원실로 올라가셨습니다."하는 것이다.

이와 같은 말을 듣는 순간 어안이 벙벙 기가 막혀 말문이 막혔다. 이게 말이나 되는 소리인가. 이것이야말로 조물주(造物主)의 장난인가. 아니면 운명의 장난이란 말이던가. 내참! 살다 살다 별 희한하고 기가 막힐 일을 다 당하니 웃을 수도 없고 그렇다고 울 수도 없는 일 아닌가!

옆에 같이 다니던 이 회장님도 이 상황을 같이 접하시고는 어이가 없으신지 말문이 닫혀 있었다.

그렇게 살아있는 사람을 조문하러 갔으니 아마 이런 경우는 다른 사람은 겪은 바 없을 거라 확신이 들고 한참 후에야 그 일을 생각하며 웃을 수 있었다. 그때 조물주의 장난으로 죽음에서 소생(蘇生)한 그는 그 후 20일간을 더 생존(生存)하다 유명을 달리하였다.

배추밭 옆 감나무에 얽힌 사연

지난 어느 해 늦가을의 토요일이다. 그날 동갑내기 세 명이서 지방으로 여행을 떠났다.

언제부터인가 우리 단체에서는 한 달에 한 번씩 모임을 갖고 돌아가며 전국에 있는 고적지(古蹟地)를 찾아가기 시작했다. 그곳에서의 만남의 자리는 그간의 서로를 확인하고는 반가움에 얼굴을 맞대고 희희낙락(喜喜樂樂)하며 소주 한잔하는 재미가 쏠쏠한 게 좋았다.

무엇보다 복잡하고 공기 탁한 도심지에서 탈출하여 자연의 공기를 만끽한다는 게 스릴 또한 최고인 것이다. 그리고 지역 인사를 초청해 강의를 들으니 이것이야말로 일거삼득(一擧三得)으로 꿩 먹고 알 먹고 나머진 싸 오는 격인 셈이다.

그날 모임은 전북의 대둔산 근처의 어느 곳에서 오후 늦게 집결하게 되어 있었다. 그래서 뜻맞는 우리 동갑내기 세 명은 일찌감치 출발하여 나름대로 바람을 쐬면서 시골풍경을 접하며 놀며 가자고 의견이 일치했던 것이다.

대학에서 강의를 하는 조옥구와 벤처기업으로 성공한 김충환 사장과 그리고 나는 약속 장소에서 만나 김 사장이 타고 온 차에 탑승한 것이다.

동갑내기 셋이 만나 고속도로를 질주하며 도심지에서 벗어나자 시시콜콜한 이야기를 나누면서 환희(歡喜)의 미소를 억제하지 못하고 낄낄거리면서 자연 깊숙이 들어가고 있었다.

마치 나이 50에 대자연을 발견하여 그곳으로 탐색하러 가는 탐험가 같은 느낌이 순간이나마 들었다. 얼마 후 우리들의 차는 호남고속도로를 경유하여 논산 인터체인지로 나왔다. 그곳에서부터는 국도로 달리기 시작하게 되었다.

산을 넘고 들판 사이의 길을 지나자 하천이 보이고 드문드문 마을들이 보이는 게 조용하고 평화롭기만 하다.

또 멀리 산 밑에 푹 파여 있는 외딴집의 풍경은 한 폭의 동양화를 연상케 할 정도로 아름답게만 보였다.

이렇게 여러 곳의 광경을 손가락 짓을 하면서 바라보며 재미있게 가고 있었다. 그렇게 한참을 가고 있는데 언제부터인가 마을과 떨어진 산 밑의 감나무에 감들이 많이 달려 있는 것이 눈에 띄었다. 이쪽저쪽 온통 보이는 게 감이 주렁주렁 매달려 있는 감나무들이다.

그런데 감을 따야 할 시기에 감은 따질 않고 온통 많은 감들이 매달려 있으니 괴이하고 궁금하였다. 그러던 중 지나가다 들판에서 가을걷이를 하는 아주머니를 보게 되어 잠시 차를 멈추고 물어보았다.

"아주머니 이곳에는 여기저기 감나무들이 많은데 왜 따질 않나요?"하고 물으니 아주머니는 어이없고 기가 막힌 말을 해주는 것이었다. 그것은 감을 딸 사람이 없어 못 딴다고 하는 것이었다. 요즘은 시골 농촌에 젊은 사람들이 하나도 없고 전부 연세 드신 노인들만 살고 계시는데 감을 딸 수도 없고 그나마 노인들도 농사일에 바쁘다는 것이었다. 그래서 매달린 감들은 어찌할 수 없어 그냥 놔두는데 후에 까마귀들이 밥으로 다 쪼아 먹는다는 것이다.

이 말을 들으니 농촌의 현실을 직감할 수 있어 안타깝기만 하였다. 이때 감이라면 사족(四足)을 못 쓰는 충환이와 옥구는 이 기회를 놓칠세라 한마디 했다.

"그럼 저 감들을 우리가 따도 괜찮을까요?"하고 말하니 아주머니는 "재주껏 따서 드시구려. 그러지 않아도 지나가는 사람들이 따곤 한다."는 것이었다.

순간 우리 셋은 입이 딱 벌어져 이게 웬 떡이냐 하는 표정으로 좋아서 입을 다물지 못하고 근처의 적당한 감나무를 찾아야 했다. 차를 몰고 여기저기 다니다 차도 가까이 들어갈 수도 있고 크고 오래된 감나무에 많은 감들이 매달려 있는 감나무를 발견하여 그곳으로 간 것이었다.

나와 옥구는 차에서 내려 감나무에 올라가려고 준비를 하였고 충환이는 자동차를 후진으로 감나무 밑에 바짝 대었다.

그다음으로 전방부대에서 생활하여 산골짜기 다람쥐란 별명의 나를 앞세우며 먼저 감나무에 올라가라는 것이었다. 나는 알았다며 제일 먼저 감나무에 올라갔고 그다음으로 옥구가 뒤따라 올라왔다. 충환이는 밑에서 긴 나무를 주워 끝에 비닐봉지를 매달고 떠받히고 있었다.

그런 다음 내가 제일 꼭대기에서 감을 따서 중간의 옥구에게 전달하면 그것을 다시 충환이의 장대 끝의 비닐봉지에 넣곤 하는 것이다.

우선 먼저 시식부터 하고 보자고 꼬락서니 사납게 따서 먹기 바빴다. 감나무 맨 위의 꼭대기에선 내가 감을 입에 넣고 먹으며 따기 바빴고, 감나무 중간에서는 조옥구가 나를 흉내 내며 익살을 부렸고, 맨 밑의 충환이도 열심히 먹으니 각기 먹는 모습들이 가관이었다.

그렇게 한참을 배불리 먹고는 좀 있다가 만날 회원들 먹을 것까지 챙기려는 가상한 마음으로 나는 보이는 대로 감을 따서 내려보내는 중이었다.

그런데 별안간 어디서인가 카랑카랑한 노인네의 음성이 들려왔다.

"어이, 당신네들 딱 걸렸어…"하며 웬 노인 한 분이 황급히 달려오는 것이었다. 우리는 어안이 벙벙하여 노인을 바라보다 나무에서 내려오게 되었고 다가오는 노인을 맞이했다. 연세가 지긋하신 노인은 다짜고짜 다가와 하는 말이 "이제야 잡았다"고 영문 모르는 말을 하는 거였다. 우리는 노인을 바라보며,

"어르신 도대체 무슨 일로 그러세요. 우리는 저 옆에 아주머니

께서 이 감을 따도 된다고 하셔서 땄는데요."라고 말하니 노인은 말하기를 "그깟 감 따가는 게 문제가 아니고 당신들이 감 따는 척하다 저 밭의 배추들을 다 뽑아 갔으니 하는 말이요."라고 하시는 것이었다. 노인의 손으로 가리키는 밭을 보니 배추를 심어 놓은 밭인데 진짜로 한쪽 구석이 누가 뽑아갔는지 휑하니 큰 공간이 나 있었다.

젠장, 한마디로 감 따 먹다 졸지에 배추밭 절도범으로 덤터기를 쓰게 생긴 것이다. 노인은 노발대발하며 자동차 번호를 적고는 당장 경찰에 고발하겠다는 것이다. 마치 배추밭을 털다 뒷덜미를 잡힌 현행범을 다루듯 하는 거였다.

순간 우리는 황당하고 어이없어 말문이 막히다 정신을 차리고 말을 해야 했다.

"어르신 무엇인가 오해이십니다. 배추를 도둑맞은 심정은 십분 이해하겠으나 저희가 그런 것은 아닙니다. 우린 서울에서 사는데 오늘 이곳을 처음으로 지나가다 저 감을 보고 단지 몇 개 따먹으려고 들렸을 뿐입니다."하고는 충환이는 자동차 문과 트렁크를 전부 열어서 보이며

"보십시오. 어르신 아무것도 없지 않습니까? 그리고 누가 이렇게 양복을 차려입고 밭에 다니며 대낮에 농작물을 절도해가겠습

니까? 어르신께서 잘못 아신 것입니다. 믿으십시오. 저희도 집에 어르신 같은 부모님들을 모시고 사는 사람들인데 감히 어르신께 거짓말을 하겠습니까?"하고 우리 셋은 갖은 말로 노인을 설득시켜야 했다.

그때 충환이와 옥구는 웃옷을 양복 콤비를 입었고 나는 간단한 점퍼를 입었는데 별의별 말을 다 해가며 노인을 설득하고 진정시켜야 했다. 다행히 일은 그쯤에서 끝이 났지만, 그 후유증은 오랫동안을 기억에서 맴돌았다.

옛말에 과수원 옆에서 갓끈 매지 말고 참외밭 근처에서 운동화 끈 매지 말라 했거늘, 지금은 배추밭 옆 감나무에 차대지 말라가 된 세상이다.

아무튼, 오래전 그 일들은 지금도 그 친구들을 만나면 그때의 일들을 떠올리며 웃음을 터트릴 수 있는 추억 속의 옛이야기가 되고 말았다.

화투치다 물에 휩쓸려간 황당한 사연

오래전 일이다. 어느 해 7월 하순경에 강원도 현리에 위치한 3군단 부대의 초청으로 방문하게 되었다. 아침 일찍 출발하여 홍천을 지나 인제에 도달하고 현리의 목적지에 도착하니 오전 10시가 되었다.

그 후 방문행사를 마치고 주변의 향로봉에 이어 고성까지 답사를 하게 되었다. 인솔 장교의 안내를 받으며 나의 일행이 탄 승용차는 뒤따라가고 있었다. 인제를 지나 원통을 지나니 한

계령으로 들어서는 이정표가 보이자 그곳에서 좌회전을 하며 넓은 하천을 따라간다.

한참을 달리다 보니 우측으론 백담사가 나오고 곧장 달리다 보니 진부령의 이정표가 눈에 보이며 꼬불꼬불한 오르막의 산길은 강원도의 비탈길을 실감케 하는 것이다.

어느새 무더위가 절정을 이루는지 산자락의 심산유곡(深山幽谷)에는 많은 사람들이 몰려들어 인산인해(人山人海)를 이룬 것이었다. 차가 비탈길을 돌고 돌아갈 때 아래를 바라보니 계곡에 물이 있는 곳에는 어김없이 사람들이 많이 있는 것이 보였다.

향로봉으로 올라가고 있는데 그때 서너 대의 지프차가 라이트를 켜고 쏜살같이 내려오는 것이다. 그리고는 차에서 내려 계곡 안의 피서객들을 대피시키려고 호루라기를 부르면서 확성기를 대고 큰 소리로 말하는 거였다.

"지금 저 윗쪽 계곡에 비가 많이 와서 잠시 후면 이곳으로 많은 양의 빗물이 내려와 곧 이곳이 범람할 것이니 피서객 여러분은 빨리 대피하셔야 됩니다."라는 내용이었다. 그러나 사람들은 서로의 눈치를 보며 요지부동이다.

다급한 마음에 간부들이 뛰어서 다가가 설명을 하는데도 오히려 반문하며 대피를 할 생각을 안 하는 거였다.

"아니 이렇게 해가 쨍쨍하게 떠 있어 아주 덥기만 한데 무슨 비가 온단 말이오?"라고 하며 무덤덤한 것이다.

"지금 저 산 너머에는 비가 엄청나게 와서 많은 양의 빗물이 흘러갈 거라고 군단에서 무전으로 대피시키라는 지시가 내려왔단 말입니다." 그때서야 할 수 없이 뭉그적거리며 짐을 챙기는 것이었다.

그곳에는 몇 군데 가족들이 와서 자리를 잡고 있었는데 텐트를 쳐놓고 아이들과 물놀이를 하는 장면도 눈에 띄었고, 또 한 곳은 가족들이 옹기종기 모여 음식을 먹는 것도 보였다.

다들 그렇게 즐기고 있는데 유독 한 곳은 텐트 옆에 차단막까지 쳐놓고 그 밑에서 대여섯 명의 건장한 사람들이 화투를 치고 있는 거였다. 그들은 그곳까지 네 대의 자동차를 끌고 들어가서 많은 짐을 내려놓고 술을 마시며 화투판을 벌이는 것이다.

이들은 화투에 미쳐 군 간부들이 하는 말은 아예 듣지도 않고 화투판에만 몰두하는 거였다. 오히려 미친개가 짖는다는 듯이 짜증을 내며 알았다고 하는 것이고 그리고는 화투를 계속 치는 것이었다.

상황이 이러자 대대장이 쫓아내려고 언성을 높이며 말을 하는 것이었다.

“여러분 우리 말 안 듣고 이러시면 크게 후회하게 되실 겁니다. 나중에 우리 원망은 마십시오.”하자 하는 수 없이 그때 화투를 치지 않는 두어 사람은 짐을 챙기며 자기 차에 넣는 것이다.

하지만 세 명은 치울 생각조차 하지 않고 화투판에만 정신을 몰두하고 있다. 옆에 사람들이 대충 짐을 치우고 차 두 대는 길에 올려다 놓았다. 세 사람이 한판 더 한판 더 하다가 시간이 흐르고 위에서 호루라기 소리와 함께 대대장의 무전기 소리는 교신하느라 요란하였다.

순간 계곡 위를 쳐다보니 엄청난 양의 시커먼 물들이 내려오는 것이다. 함성들이 요란하자 화투치던 세 사람은 계곡을 쳐다보다 화들짝 놀라 그때서야 차에 오르고 빼려 하는 것이다.

마침 차 한대는 차머리가 길로 향해 세워져 있어 시동 걸자마자 쏜살같이 길 위로 올라갈 수 있었다. 하지만 코란도 한 대는 물가 쪽으로 차머리가 되어 있어서 차를 돌리려고 왔다 갔다 하다 빗물이 다가오자. 겁이 나던지 그대로 차에서 내려 위로 올라온 것이다.

다행히 인명 피해는 없었지만 코란도와 화투치던 자리는 수

마(水魔)가 집어삼킨 것이다. 그렇게 대피하라고 전달해주었건만 고집을 부리더니 결국 누구한테 말 못하고 죽상이 된 것이다.

자업자득이라 할까 아마 그 양반들은 엄청 놀라서 물가에 화투 얘기만 나오면 까무러칠 것이다. 좋은 교훈을 얻은 큰 경험이지만 엄청나게 큰 대가를 치러야 했다.

곁에서 그 광경을 목격해야 했던 나는 황당하고 기가 막혔다. 사실 집에서 출발하여 이곳에 올 때까지는 햇볕이 쨍쨍 쬐고 비가 내리리라는 것은 생각조차 할 수 없었다. 또 그런 날에 비가 와서 많은 양의 물이 내려올 것이라고는 상상도 하지 못했다. 그러니 피서객들도 선뜻 믿지 않을 만하다. 오히려 군사지역에서 내쫓으려고 군인들이 일부러 그러는 줄 오해도 할 수 있을 것 같다.

뒤에 대대장한테 들으니 이곳은 산 넘으면 비오고 또 산 넘으면 해 뜨는 맑은 날씨고 자기들도 갈피를 잡지 못하겠다는 것이다. 여름만 되면 오늘 같은 일이 종종 있어 스트레스를 받는다고 하는 것이다. 그러면서 우리나라 사람들 참 나쁘다면서 지난해에 있었던 일들을 이야기하는 것이다.

지난해에도 사람들이 몰려서 음식을 먹으며 화투를 치고 있었는데 오늘 같은 상황이 일어나 승용차 한대가 물에 휩쓸려 갔다는 것이다. 한참 후 물이 빠지자 군인들이 장비를 동원해 물에 떠내려간 승용차를 인양해주었건만 오히려 찌그러졌다고 배상해달라고 억지를 쓰더란 것이다.

이건 완전이 물에 빠진 사람 구해주니까 보따리 내놓으라는 격인 셈이다. 그나마 군인들이 있었기에 목숨이나마 부지했건만 우라지게 말을 안 들은 것은 자기들이면서 도와주려 했던 군인들에게 감사하다고는 못 할망정 추태까지 부린다는 것은 한 마디로 혼 좀 더 나봐야 정신 차릴 것이다.

꼭 이런 데까지 와서 화투를 쳐야 하는 것일까 치더라도 재미있게 놀다 군인들의 통제를 받았더라면 놀러 오는 사람들이나 구해주는 사람들은 서로 기분 좋았을 것인데 말이다.

난 그렇게 놀러 다니는 것을 싫어한다. 놀러 가서 화투 같은 것에 집중하여 휴가 온 내내 그런 것을 한다면 무엇하러 온단 말인가? 그냥 집에 모여서 하면 되는 것을 오락이 아닌 돈을 따먹는 맛에 그런다면 더 한심한 일인 것이다. 난 그런 것에 빠져 아까운 시간을 낭비하는 사람을 싫어한다.

오래전 동창생 놈이 무엇인가 의논할 게 있다고 하는 것이다. 나는 시간을 봐서 친구 집으로 가겠다고 시간 약속을 한 것이다. 그리고 친구 집에 도착하니 그 친구는 마당 평상에 앉아 누군가와 바둑을 두고 있었다. 날 보더니 조금만 기다리라는 것이다. 난 기왕 두는 바둑이니 그 판만은 기다릴 수 있었다. 그런데 끝나자 한 번만 더 두자고 하며 판에 돌을 올려놓는 것이었다.

순간 난 화가 치밀어 올랐다. 바쁜 사람 불러 놓고 제 할 짓 다하는 그 친구가 괘씸하여 슬그머니 그 집에서 나와 나의 일을 보러 갔던 것이다.

지기가 한가하여 바둑 두는데 왜 바쁜 사람을 불러 우뚝하게 서 있게 하는 게 말이 되는 행위란 말인가? 또 어떤 친구들은 기껏 모임이라고 나가 보면 먼저 와 당구장에 가서 당구를 치는 것이고 시간이 되어도 안 나타나는 것이다. 난 이런 행동들이 싫어 그냥 오는 것이다. 약속은 지키려고 있는 것이다. 화투를 하든 바둑을 두든 당구를 치든 다 할 수 있는 일이지만 그만 둘 때가 되면 판을 엎을 수가 있어야 진정한 취미 활동을 하는 것이다.

나도 아주 잘하지는 못하지만 웬만큼은 다 할 줄 안다. 하지만 몰려다니며 상대적으로 하는 것은 안 한다. 사람이 하루 중에 삼분지 일은 잠을 자는 것이고 세끼 먹고 배설하는 시간 뺀다면 그리 많은 시간이 없는 것이다. 그런 귀중한 시간을 그렇게 무의미하게 보내는 게 싫을 뿐이다. 그래서 나는 혼자 산을 오르는 것과 민물낚시를 좋아한다. 낚시를 펼쳐 놓으면 고기를 잡으면 좋고 맑은 공기를 쐬며 사색(思索)에 잠기거나 명상(冥想)을 할 수 있으니 일석 삼조가 되는 것이다. 화투와 바둑, 장기 등은 후에 경로당 가서 실컷 하면 될 것이다.

다시 돌아본 마음의 고향

남자들은 사석(私席)에서 둘 이상 만나면 장소를 불문하고 으레 군대 이야기로 시간 가는 줄 모른다. 주로 지난날 군 생활의 무용담(武勇談)과 재미있었던 이야기들로 꼬리에 꼬리를 무는 것이다.

현역 군 생활을 마치고 제대할 당시엔 군부대 쪽을 향해서는 소변도 보지 않겠다고 지겨움을 표했던 것과는 달리, 틈만 나면 군대 이야기를 하는 것은 그만큼 특출한 추억과 남다른 애환(哀歡)이 담겨 있어 그럴 것이라 생각한다.

그런데 이와 달리, 군 생활을 하던 곳을 한 번 찾아가려고 벼르다 25년 만에 기어코 다녀오기까지 가슴 뿌듯하고도 한편 가슴 찡했던 일이 있었다.

서울 마포구 신수동에 다년간 출판사를 경영하며 전국으로 출판유통을 하는 유통회사인 '한국출판유통'의 유철기 사장이 있다. 그는 탁월한 경영 전략가로 어렵다는 출판시장의 불경기를 헤쳐 나올 수 있었으며 어지러운 출판유통의 질서를 바로잡기 위해 헌신적으로 노력하는 유망한 벤처 사업가다.

사장인 그의 오늘이 있기까지는 무엇보다 지난날 군에서 익힌 정신과 인내심 그리고 단체생활 속의 융합 등 요소(要所) 등등 모든 것들이 많은 도움을 주었다고 회고(回顧)한다. 이를 뒷받침이라도 하듯 그의 사무실 큰 액자에는 온통 군 시절이 담긴 퇴색된 흑백 사진들이 비치되어 있다.

그런 그가 몇 달 전에 호국의 달 6월을 맞이하여 일선 부대 장병들에게 책을 다양하게 갖추어 보내고 싶고, 그중 자신이 근무했던 오뚜기 부대에도 보내고 싶다고 말하는 것이었다. 나는 그의 뜻이 너무 좋아 협조하기로 하고, 우리 회사 책을 골고루 지원하였다.

그러자 사장인 그는 장병들이 볼만한 책들을 손수 골라 2백여

종 3천여 권의 책을 상자에 포장하여 마음의 고향인 오뚜기 부대로 보낸 것이다.

그런 일이 있었는지도 모른 채 바쁘게 생활하느라고 잊고 있었다. 더군다나 긴 장마로 이어졌지만 다행히 큰 피해 없이 한여름을 보내고 있던 어느 날 오뚜기 부대에서 연락이 왔다.

오뚜기 부대의 사단장은 부대를 위한 선행의 배려에 감사하면서 간단하게나마 오찬에 초대하고, 유 사장의 숙원인 당시 근무지 부대 답사를 하도록 부대방문 초청을 한 것이었다.

소시을 들은 유 사장은 기쁨이 역력하였다. 무엇보다 변해 있을 부대와 주변들이 궁금했으며, 문득 손꼽아 세어보니 25년이 흐른 것이었다. 바로 엊그제 일 같건만 이제는 자식 같은 젊은이들이 그곳에 있다고 생각하니 꿈만 같고 지나온 세월이 무상하였다고 한다.

그리고는 그들과 만남을 위해 "유명한 이동막걸리나 원 없이 사주고 와야지"하고 생각하고는 전날 밤잠을 청했다는 것이다.

이튿날 유 사장과 나는 직원이 운전하는 승용차에 몸을 의지하고 부지런히 가야 했고 사단장님과 참모들의 환영을 받으며 부대를 방문할 수 있었다. 그리고 그들과 대화를 나누고 오찬을 함께하고는 부대장님 배려로 안내 장교가 탑승한 지프차를 따라 유 사장이 당시 근무했던 예하 부대인 2대대 8중대로 향했다.

부대에서는 우리를 대대적인 환영으로 반겨 주었으며, 대선배의 부대방문을 예의로써 맞이하였다.

부대를 둘러보는 유 사장은 감회가 새로웠던지 이미 눈가가 촉촉하게 젖어 있었고, 그의 한 마디 한 마디 말에서 목이 메었음을 알 수 있었다. 게다가 부대에서 가장 오래 근무한 주임상사를 동행하여 당시 상황을 설명해 주었고 이로써 유 사장은 기억을 되살리며 말을 이을 수 있었으며, 정렬된 신무기 사이에 서서 장병들의 브리핑을 듣다 보니, 얼굴에는 어느덧 환희의 미소도 볼 수 있었다.

그리고 자신이 속해 있던 8중대를 둘러보기 전 대대장과 담화(談話)를 나눌 때 유 사장은 장병들에게 최고의 선물은 뭐니 뭐니 해도 휴가가 아니겠냐며 25년 만에 찾아가는 대선배로서 중대 내에서 모범사병을 뽑아갈 수 있도록 휴가증 2장만 달라고 사업수단을 발휘하듯 말하니 대대장도 흔쾌히 수락(受諾)하며 휴가증을 주었다.

잠시 후 8중대를 찾은 일행은 중대장과 간부들의 안내를 받으며 둘러보았다.

그리고 전 중대원이 모여 있는 내무반으로 가서는 25년 전 대선배로서 격려의 한마디를 하고는 정황에 맞게 모범사병을 선출하여 휴가증까지 전달한 것이다.

이렇게 오랜만에 부대를 찾아와 후배 장병들의 사기를 올려놓는 모습을 볼 때 그가 새롭게 보였다. 더군다나 중대를 나올 때에는 안내하는 중대장에게 중대원들과 수고 많다며 부대 회식 때 중대원들과 막걸리값이나 하라고 준비해 온 50만 원을 전하는 것이었다.

이런 모습을 볼 때, 나는 유 사장이 멋있게 보였고 존경스럽기만 하였다. 사실 요즘 사람들 군대 이야기는 날이 새는 줄 모르고 하지만, 과연 자기가 있었던 군을 위해 뭔가 한 일을 말하는 사람은 몇이나 될까.

요즘 '진짜 사나이'라는 프로처럼 부대 자랑을 하기 위해 방영되는 프로 내용 중에서도 이렇게 흐뭇한 이야기는 없을 것이다. 아니 자신이 다니던 모교도 이런 마음으로 찾는 선배는 드물 것이다.

누구나 유 사장같이 자신이 지내왔던 부대와 늘 마음을 함께 한다면 군 역사의 맥은 이어질 것이고 분명 발전하는 최강의 우리 국군이 될 것이다.

그렇게 유 사장이 근무하던 부대를 방문하고 몇 주 뒤 그가 있는 사무실에 갔다. 벽에 걸려있는 액자에는 언제 정리하여 꽂아 놓았는지 얼마 전 부대 방문 때 찍었던 사진들이 퇴색된 사진 옆에 가지런히 꽂혀 있었다.

역시 그 다운 정성이었다. 그런 노고에 찬사를 보낸다.

잡아먹은 것이 군견(軍犬)이라니...

70년대 후반의 군 생활 시절 때의 일이다. 그때는 먹을 것이 귀한 시절로 모든 게 빈약했다. 특히 많은 군인들이 열악한 환경 속에 응집되어 있는 군에서는 의식주에 대한 모두가 풍족하지 못하여 그에 대한 부작용이 요소요소에서 발생하여 갖은 사연들을 빚어냈다.

20대의 건장한 장정들이 고된 훈련을 받다 보니 순간마다 휴식 시간이면 배가 고픈 것이다. 특히 군에 입대하여 처음으로 군대 음식을 먹을 때는 사회에서 먹었던 것들과 달라 입에 맞지 않아 대부분 남기게 된다. 하지만 하루만 지나면 없어서 못 먹을 정도로 식욕이 당기게 된다. 그것은 고된 육체의 근육질로 영양분이 흡수되다 보니 먹는 것이 입에 당기는 거였다.

논산훈련소에서 훈련 받을 때에는 배가 고프다고 취사장 옆에 큰 구덩이를 파놓고 그곳에 먹다 남은 잔반을 버리는데 이때 배고픔을 참지 못하는 훈련병들은 몰래 그곳으로 다가가 잔반을 손으로 뭉쳐 주먹밥을 만들어 먹는 경우도 있는 것이다.

많은 훈련병을 수용(收容)하는 그곳의 일식삼찬(一食三饌)의 식단의 메뉴도 다양하다. 생전 보지도 듣지도 못했던 음식들이 나오는 거였다.

당시에는 제일 흔했던 생선으로 갈치국 꽁치국 등의 국이 나왔는데 멀건데다 비린내 나고 맛이 이상해 도저히 먹을 수가 없는 것이다. 그렇게 어떤 생선이든 많은 것을 솥에 놓고 물을 많이 부으면 국이 되는 거였다.

누구나 처음에는 이상하고 입에 맞지 않아 못 먹지만 굶어 죽지 않고 살려면 먹게 되는 것이다. 결국, 나중에는 입에 음식을 맞추는 게 아니라 음식에 입을 맞추게 되는 것이다.

그러나 전방부대로 배치되자 훈련소와는 달랐다. 많은 인원이 있는 훈련소와는 달리 인원이 적은 중대급으로 취사를 하니 맛있는 게 먹을만 하였다. 특히 밥은 먹을 만큼 먹도록 자유 배식을 하니 잘 먹는 병사들은 배고픔이 해결되었으니 좋을 수밖에 없었다. 그것뿐이 아니다. 부식도 없는 것 없이 다 나온다. 월 식단 메뉴대로 쇠고기를 비롯하여 돼지고기 닭고기 햄 소시지 등 모든 것이 다양하게 나오는 것이다. 그것은 최전방이라 우선적으로 나온다는 것이고 또 최전방 DMZ 내의 근무자들은 생명수당이 하루를 기준으로 나오는 것이다.

그렇게 먹는 것은 당시 시골집의 웬만한 가정보다 훨씬 좋고 생명수당까지 받으니 알뜰한 사람은 군에서 주는 돈을 모아 제대할 때 목돈으로 만들어 나가는 사람도 있었다.

내가 자대에 신병으로 들어오니 나와 비슷한 군번의 이관형 일병이 있었다. 그는 강원도 인제가 고향이고 그곳에서 고등학교를 나와 소작 농사를 짓는 부모님과 농사를 짓다가 군에 입대한 것이다. 비슷한 동기로 군 생활을 같이하던 중 고민을 하였다. 제대하고 사회에 나가자 남의 땅 농사를 짓는 거 외에는 특별히 할 것도 없고 군에 있으면 먹을 것도 잘 먹을 수 있고 돈도 모을 수 있으니 직업군인이 되는 게 낫겠다 싶어 말뚝이 잘 박힌다는 봄에 하사관 장기복무를 위해 지원서를 내며 말뚝을 박은 것이다.

그리고 6개월간 하사관 학교에서 교육을 받은 후 다시 자대로 하사 계급장 달고 분대장이 되어 나타난 것이다. 그것도 동기인 내가 있는 우리 소대로 더군다나 내가 있는 우리 분대장이 되어 나타난 거였다.

순간 난 황당하고 기가 막혀 말문이 막혀 버렸다. 어찌 이런 일이 있을 수가 있단 말인가? 한때 졸병 생활을 같이하며 잘 몰라 빌빌대서 고문관이라 놀리며 끌고 다니며 가르쳐 주다시피 한 나였는데 근데 다른 데로 가서 생활하게 하지 왜 나와 같은 소대의 분대장으로 나타났단 말인가. 이것이야말로 기구한 나의 운명이 아니겠는가. 그러나 어찌하겠는가 하늘 같은 군대의 명령이거늘, 그렇게 해서 같이 군 생활을 지속해 나가야 했다. 처음에는 어색하여 실수도 연발했다. 주로 보고하는 언어상 문제들이다. 분대장과 말을 할 때면 동기한테 말하는 식으로 반말로 하게 되다 나중에는 끝에 가서 '요'자를 부치게 되었던 것이다. 분대장도 이런 나를 이해하는지 거리감을 주지 않고 대하는 것이다. 그러다가도 큰 훈련이나 작업을 할 때 의견이 같지 않을 때는 몇 번이고 대들다가 화해도 하곤 했었다. 그렇게 난 그를 한편 이해하며 그를 분대장으로 보좌하며 화목하게 잘 지내갔다.

우리 대대가 전방 근무를 끝마치고 바로 뒤 후선으로 나와 있었는데 우리 소대는 전방의 마지막 관문인 추파리 초소에서 경계 근무와 검문을 맡게 되었다. 그리고 그중에서 일개 분대는 2-8이라는 통문 쪽을 맡게 된 것이다. 소식을 들은 소대원 모두는 함성을 지르며 좋아했다. 그도 그럴 것이 초소 근무를 하면 모든 훈련이나 작업 같은 것을 하질 않고 오직 주야로 들어오는 차량 검문만 하는 것이다. 그래서 차량들이 빈번한 주간에는 대체로 키가 크고 검문에 능한 병사들로 배치하고 야간에는 순번대로 그 밖의 인원들이 근무를 하는 것이다. 그리고 이관형 하사가 분대장으로 있는 우리 분대는 2-8이라는 통문 초소로 파견을 나가게 된 것이다.

이 통문은 추파리 초소보다 더 전방으로 들어 가야 했으며 이 통문을 통과하면 우리 GP가 있어 GP에 들어가는 인원과 순찰 내지 작전을 위하여 출입하는 인원들을 검문하고 통문을 열어주는 일들을 하는 것이다. 모든 출입 차량은 사전에 추파리 초소에서 연락을 해주며 이곳 통문에서도 출입 차량 이상 유무를 다시 추파리 초소에 보고하는 게 주 임무이다. 중간지점에 수색대가 위치하고 있는데 그곳의 내무반 일부를 우리 분대가 파견나가 사용하는 거였다.

그곳 병사들도 훈련과 작업이 없고 하다못해 점호조차 없으니 그야말로 오직 통문 근무만 서면 되니 군 생활하며 지상의 낙원에 온 게 틀림없는 것이다. 우리는 그렇게 생활할 근무지로 이동하여 적응하게 된 거였다.

군 생활 중에 누구의 간섭도 받지 않고 마음 편하게 지내는 순간이기도 하다. 그렇게 지나던 늦가을이다. 어느 날 분대장 이관형 하사는 하사관만이 쓸 수 있는 면세 카드를 사용하여 석유난로를 사서 들여왔다. 말로는 분대원을 위하여 거금을 들였다고 선심 쓰는 말을 하였지만, 자세히 내막을 들여다보면 꼭 그렇지도 않은 것이다. 통문에 근무하는 곳은 날 더울 때는 통문 옆에 있으면 되지만 비가 오거나 바람이 불고 추울 때면 옆에 지하 벙커로 들어가면 되는 것이다.

지하벙커 안에는 사방을 관측할 수 있게끔 구멍이 나 있으며 대여섯 명이 들어가 쪼그리고 앉을 수 있는 공간이다. 가끔 월급 많이 타는 분대장은 PX에서 먹을 것을 사와 이곳에서 회식을 하곤 했던 것이다.

분대장은 벙커에다 석유난로를 갖다 놓았다. 그리고는 시간만 나면 밑의 하천으로 내려가 개구리를 잡아다 반합에 식용유를 넣고 튀겨서 먹는 것이다. 원래 강원도 인제의 산기슭에서 자라고 생활해 왔던 그는 잠시 하천에 나갔다 하면 반합에 개구리를 가득 잡아 오는 것이었다. 그렇게 생활하니 근무를 서려고 가는건지 놀고 먹으러 가는건지 모르겠다.

한번 나가면 근무교대 같은 것은 생각도 안하고 분대 전체가 다 나가 있으니 기가 막힐 노릇이다. 그렇다고 누구 하나 불평불만을 하거나 이의제기하는 사람이 없다. 그렇게 분대는 화기애애하고 너무 단합이 잘된 것이다.

어느 날이다. 주간 근무를 나간 금영락 상병이 들어오더니 작은 목소리로 말하는 것이었다. "정 병장님! 아까 북한에서 넘어내려온 큰 개가 빌빌거리고 헤매는 것을 분대장과 원마로 두들겨 잡아놨습니다."하고 말하는 것이었다. 나는 깜짝 놀라 "야! 그럼 보고해야 하잖아?"하고 말을 했더니 "총으로 잡지 않아서 아무 소리가 나질 않았기 때문에 분대장이 그냥 우리 분대에서 잡아먹자고 하던데요." 난 기가 막히고 어이없어 "분대장하고 알아서들 해라 난 개고기 먹지도 못하고 쳐다보기도 싫으니 난 빼고 알아서 해라"고 했다. 금영락 상병은 희색의 미소를 지으며 "그럼 정 병장님은 앞으로 근무 열외니 나오지 마시고 내무반에서 푹 쉬십시오."하는 것이었다.

개고기를 못 먹는다고 근무를 열외시켜준다고 하니 그건 좋은데 촌놈들이 도대체 무슨 꿍꿍인지 그 속셈은 알 수 없었다. 분대원 여덟 명 중에 나만 서울이고 나머지는 모두 지방의 시골 사람들이다.

첫날은 통문 밑에 깊은 골짜기에서 연기가 눈에 띄지 않게 불을 피우고 개를 그슬리고 하천에서 배를 가르고 잡은 것이다. 그리고 어디다 감춰났는지 근무를 나가서 고기를 잘라 반합에 끓여 먹고 들어오는 것이니 근무는 말이 좋아 근무지 교대로 개고기 먹으러 가는 것이다. 양념은 GP로 들어가는 부식 차의 선임 하사관에 된장과 파 같은 양념을 조달했다는 것이다.

나는 궁금하여 이종훈 상병에게 물었다. 개가 얼마만 하냐고 물으니 무지하게 큰 개라는 것이다. 한 달은 먹을 수 있다는 것이었다.

나는 놀라며 생각하다가 분대장한테 말했다. "분대장님 소대장한테 보고합시다. 괜히 나중에 알게 되면 문제가 될 수 있으니 조그만 강아지 잡았다고 하고 조금 보냅시다."했더니 분대장도 나의 말에 일리가 있는지 그렇게 하는 게 좋겠다며 저녁에 개고기를 싸서 들고는 세 명이서 추파리 초소로 갔던 것이다. 뭐라 할 줄 알았는데 오히려 소대장은 그러냐는 것이었고, 누구보다 좋아하는 사람은 나이 지긋한 선임하사였다. 하긴 개고기 좋아하는 사람들이 그것도 전방 오지에서 먹게 되었으니 그럴만 했다.

선임하사는 월남까지 갔다 온 사람이니 요리해서 먹는 것이야 쉬울 것이다.

소대장과 선임 하사는 휴가병들이 몰래 가지고 들어오다 검문하여 압수한 소주까지 챙겨 주어 보냈으니 우리 분대는 아예 내놓고 먹고 들어오는 거였다.

오랫동안을 얼마나 먹었는지 모두들 얼굴은 뽀얗게 살이 쪄있었다. 분대장 이관형 하사는 얼굴에 살이 쪄 방한모의 턱 끈을 멜 수 없는 것이다. 그는 얼음이 꽁꽁 얼었는데도 하천으로 내려가 지렛대로 바위를 들춰 물고기와 개구리를 잡아다 굽거나 튀겨 먹으며 그렇게 생활했던 거였다.

개를 잡아 소대원을 포식시키고 우리 분대원들이 오랫동안 살이 찌도록 먹어 치운 지 얼마 뒤였다. 사단에서 공문이 내려왔다. 그것은 전방 우측의 관측기지에서 한 달 전 군견이 어디로인가로 도주했으니 보는 즉시 보고하라는 것이었다.

그것을 본 소대장 이하 모두 기가 막혔다. 북한에서 넘어 왔다던 개가 우리 군견이었다니... 모두들 황당하여 기가 막혀 말문이 막혔다. 하지만 이미 뱃속에 다 들어 갔으니 찾을래야 찾을 수 없는 것이다. 소대원 모두들 공범이 되어 버렸으니 누구한테 말도 못하고 그렇게 비밀을 간직한 채 군에서 제대를 한 것이다.

제대 후에도 나는 이 사실을 말할 수 없었고 글로도 옮길 수도 없었다. 이미 40년이 흐른 지금에서야 군 시절에 한편의 추억으로 밝힐 수가 있는 것이다.

간첩 잡으려다 다단계에 얽힌 사연

한때 간첩을 잡으려고 첩보전을 방불케 하는 어이없고 기가 막히는 사연이 있었다. 그때가 북한의 황장엽 씨가 귀순하여 온 나라가 떠들썩할 때의 그 뒤 시기다.

그때 난 어처구니없는 일로 회사가 곤경에 빠져 어려움을 겪고 있었다. 오랫동안을 그렇게 견디다 결국 일부만을 남긴 채 모두 정리하게 되었다.

몸과 마음은 지칠대로 지쳐 있었고 그러다보니 사람들과 접하는 것도 싫었다. 그리고 무엇보다 쇠약한 몸을 추스르고 흩어진 마음을 정리하고 싶었다. 그래서 회사는 직원들이 알아서 하게끔 해놓고 떠나야 했던 것이다.

용인 근교에 사촌 형의 처가가 있는데 어릴 때부터 자주 왕래해왔던지라 그리로 가게 되었다. 사돈집은 그곳에서 꽤 큰 농사를 지으며 한우를 기른다. 농촌에서는 그래도 잘 사는 편이며 그 지역의 유지이다. 마침 새로운 터에 집을 짓고 옮기는 바람에 전에 살던 집이 비어 있어 그 집으로 간 것이다. 산 밑의 외딴곳에 위치한 이 집은 좌우가 들판이라 온통 푸르게 보이고 조용하기만 했다. 그동안 도심지에서 생활하다 아무도 없고 조용한 곳에서 생활하려니 처음에는 적응이 힘들었다. 무엇보다 잊어야겠다며 하다가도 인간들에 치어 상처받은 마음의 고초(苦楚)가 순간적으로 떠올라 떨쳐버리기 힘들었다.

그래서 마음을 한쪽으로 집중키 위해 원고지에 글을 써야 했다. 지나온 세월 속에 소중했던 그래서 간직했던 사랑의 기억을 떠올리며 원고지에 나열하였다. 그 순간에는 과거의 그리운 시절로 다시 빨려 들어가 그때의 사람이 되어 오랫동안을 같이 지내야 했다.

그러다 지금의 현실로 돌아왔을 때는 못내 아쉬워 눈물이 흘러

나왔다. 난 이렇게 글을 쓰고 지내다 이듬해 봄에 탈고하여 자전적 소설 “그립고 사랑하지만 만나고 싶지 않은 그대”를 출간하였다. 그동안 정신과 마음을 한곳에만 집중하다 보니 마음의 안정을 되찾은 거 같았다. 그러니 마음의 여유가 생기며 시야가 넓게 보이는 것 같은 것이다.

봄이 되자 농번기가 한창이다. 난 사돈집의 농사일을 거들며 또 시골의 오일장에도 나가보고 그렇게 적응한 것이다. 또 내가 거주하는 집은 큰 창고가 있어 회사의 책들과 백암산패밀리 행사책을 갖다 쌓아 놓고, 직원들과 회원들이 간간히 들르니 또 다른 사무실이 되어 업무를 보게 되는 거였다.

그때 동네에 거주하는 동년배의 친구를 알게 되었다. 그는 근처 정신병원에서 보호과장으로 근무하는 정인섭이라는 사람이었다. 그는 타 지역 사람인데 오래전 직장 근처로 집을 마련하다 보니 이 동네에 정착하게 된 것이다. 그는 책을 좋아하고 언젠가 글을 써서 자기도 책을 내고 싶다고 포부를 말하며 시간만 나면 술과 안주를 들고 오니 친하게 되었고 나도 간간히 물품 구입을 부탁하면 들어올 때 구해다 주곤 했던 것이다.

어느 날 군 행사를 위해 회원들이 와서 책을 포장하는 것을 보고는 정 선생! 이걸 보니 우리 병원 병동에도 책을 비치해 직원들과 환자들이 보게 했으면 좋겠다고 하는 거였다.

난 웃으며 "병동에만 주면 되겠오? 아예 병원에 기증할 테니 윗선에 보고하여 결과나 알려 주시오." 그러자 정 과장은 좋아하며 정말 그렇게 해줄 수 있냐고 말하는 것이었다. 난 그동안 신세 진 것도 있는 데다 환자들과 직원들을 위해 책을 읽히고 싶다는 그 마음이 너무 고와서 그 자리에서 흔쾌히 말해준 것이다. 그렇게 해서 얼마 후 난 병원에 각종 교양도서 2,000여 권을 기증하였다. 그러나 그게 인연이 되어 꼬리를 물어 간 것이다.

어느 날 갑자기 많은 양의 책들이 들어와 정 과장이야 당연히 그 공(功)을 인정받아 스타가 되었겠지만 시간이 흐르자 스타는 내가 된 것이다.

정 과장은 근무 중에 시간이 나면 내 이야기를 얼마나 했던지 내가 쓴 책을 내보여주곤 했단다. 그 안의 내 사진까지 보이며 설명을 하다 보니 졸지에 난 팬들이 생긴 것이다. 한번 만나게 해 줄 수도 있다고 말했다는 거였다. 뒤에 정 과장의 말에 "난 그까짓게 뭐 대단하다고 그러슈! 민망하게시리 그만 하슈!"라고 말을 했던 것이다. 그런데 그것이 현실이 되고 말았다.

어느 날, 정 과장은 집에 있느냐고 전화로 묻더니만 얼마 후 간호사를 데리고 온 것이다. 이영미 간호사라고 했다. 둘은 아침 근무를 끝내고 마침 시간이 나서 날 보러 왔다는 것이다.

어이없다. 참내 사람들이 싫다고 처박혀 있는 나에게 나를 보여준다고 데려오다니 기가 막힐 수밖에... 어찌 됐든 찾아온 손님이니 반겨주었다. 손님 대접할 준비는 필요 없었다. 정 과장이 뭐라 했는지 간호사가 사 들고 온 것을 펴놓고 먹으면 되는 거였다.

그렇게 만남으로 알게 되었는데 그 후부터 이 간호사는 가끔 전화를 하여 안부를 묻는 것이다. 식사는 하셨어요? 거르지 마세요 등 환자들한테 하듯 신경 써주니 고마웠다.

병원 직원들은 대부분 시방 사람들이라 미혼자들은 대부분 기숙사에서 생활한다고 한다. 단체 생활 속의 스트레스도 생긴다며 하소연도 하고 환자들과의 사연도 말하고 그렇게 근무시간에 무료함을 달래기 위해 전화를 하곤 했던 것이다. 그렇게 지내다 서너 달이 지났을까 그녀가 전화를 했는데 어쩌면 이직을 한다는 것이었다.

그거야 있을 수 있는 일이라 난 대수롭지 않게 생각하며 왜 더 좋은 병원으로 가는거냐고 물었다. 그녀는 병원이 아닌 케이블 방송국에서 스카웃 제안이 들어와 이력서를 냈다는 것이다.

난 똑똑한 거는 알겠지만 또 다른 면이 있구나 하며 생각하고는 간호사야 자격증이 있으니 안심이 되고 그보다도 적성에 맞는 더 좋은 일이 있다 하니 축하한다고 말을 해줬다.

그런 말이 오간 지 2주쯤 지났을까 그녀는 방송국으로 출근한다며 병원을 떠난 것이다. 그다음부터는 연락이 없었다. 나도 까맣게 잊고 살고 있었는데 서너 달이 지났을 때 어느 날 그녀의 전화를 받을 수 있었다.

난 반가워하며 안부를 물으며 방송국 일은 할 만하냐고 물었다. 그녀는 그동안 열심히 배우느라고 바빴고 이제는 어느 정도 배워 재미있게 일한다고 하는 것이었다. 그러면서 그녀 팀에서 프로그램을 맡았는데 원고를 한번 봐주시고 같이 작업 좀 해달라는 것이었다.

난 그냥 출판 원고나 볼 줄 알지 방송국 시나리오나 프로그램 원고는 본 적도 없고 할 줄도 모른다고 했다. 그녀는 선생님 능력이면 충분하며 이미 팀장한테 추천했다는 것이다.

기가 막혀 난 마지못해 원고를 보내라고 했다. 그러자 그녀는 원고를 보내는 게 아니라 선생님이 방송국으로 와서 팀원들과 맞대고 해야 한다는 것이다. 그러니 숙소를 마련해 줄 테니 일주일만 와서 도와 달라며 거기에 대한 보수는 섭섭지 않게 지급한다는 것이다.

난 여기 가축들도 있고 여기서 할 일들이 있어 도저히 자리를 비울 수 없으니 다른 사람을 찾아보라 했던 것이다. 그리고는 어렵게 설득하여 전화를 끊게 되었다.

그렇게 그 일은 그렇게 끝이 났다고 생각했는데 다음날 전화를 또 한 것이었다. 그녀는 나를 또다시 설득하려는지 폭넓은 이야기를 하는 것이다.

현실의 IMF를 맞게 한 정부를 비판하며 국민들의 무지(無知)를 질타(叱咤)하는 내용으로 이제는 국민 모두 정신차려 새로움을 추구(追驅)해야 한다며 선생님은 왜 그렇게 살고 있느냐고 질타하는 것이나. 그리면서 선생님 같은 사람이 앞장서야 세상이 변한다는 것이다. 나는 아닌 밤에 홍두깨라고 느닷없이 황당한 소리를 들으니 어안이 벙벙했다. 그리고 기가 막혀 곰곰이 생각했다. 얼마 전 정신병원의 일개 간호사가 별안간 방송국에 스카우트를 받고 얼마간 교육을 받고 일을 한다는 사람이 나타나 정치사회 현안(懸案)을 집중적으로 말하며 운동권 학생들이 시국선언(時局宣言)을 하듯 몰아가는 것이 잠재적(潛在的)인 나를 소용돌이에서 출렁이게 한 것이다.

당시 귀순한 황장엽 씨가 남한에는 5만여 명의 고정간첩이 있다고 언론을 통하여 보도한 적이 있다. 난 순간 그것이 떠올라 혹 이 간호사가 방송국의 미끼로 포섭이 된 게 아닌가 하는 의구심이 들기 시작한 것이다.

더군다나 그녀는 사무실과 일정하게 거주하는 연락처를 가르쳐 주지 않고 자기와 연락을 취하려면 호출(삐삐)하라는 것이었고 나와 통화하는 전반적인 상황을 누구한테고 말을 하면 안 된다고 말하는 것이다. 난 이러한 모든 정황(情況)이 너무도 수상하여 꼬리에 꼬리를 물으며 고심(苦心)에 빠져 뜬눈으로 밤을 새웠다. 그리고 결심하고는 故 정경화 소령의 동기인 박 장군께 전화를 하였다. 마침 박 장군께서는 기무사령부에 근무 중이었기에 불현듯 떠올랐던 것이다.

난 박 장군과 통화 중에 긴 안부를 생략한 채 내 주변에 좀 이상한 일들을 접하게 되어 기무사 요원과 상담 좀 하고 싶으니 요원 좀 붙여 달라고 말을 했다.

나의 말을 들은 박 장군은 금방 조치를 취해 기무사 요원 두 명이 나를 찾아온 것이다. 난 기무사 요원들에게 그 동안 있었던 일들을 처음부터 지금까지 전부 말을 했다. 나의 말을 들은 그들도 이상하다고 갸우뚱거리다 내 집에 있는 전화기에 옆에서 들을 수 있도록 연결하고는 이 간호사에게 삐삐를 쳐 호출을 하였다.

그러자 조금 있으니 이 간호사는 전화를 하였고 난 통화를 하였다. 도청하는 요원들이 듣고 판단하게끔 난 전날 한 이야기를 재차 꺼내며 유도(誘導)하여 말했고 그리고는 일주일만 가서 일을 도와주겠다고 했더니 그녀는 좋아하며 일요일 오후에 차를 가지고 날 데리러 오겠다는 것이다. 그리고 덧붙여 이 일들을 누구한테고 말해선 안 된다고 신신당부를 하는 것이었다.

그렇게 통화가 끝나고 기무사 요원들과 이야기를 나누니 그들의 판단도 이상하다는 것이다. 그래서 나는 기왕 일주일 동안 간다고 하여 나를 데리러 온다고 했으니 그날 가봐야겠다고 했다. 요원들도 걱정이 되는지 가실 수 있겠습니까? 하는 것이다. 난 실제를 제대로 알려면 가서 눈으로 직접 봐야 할 것 같으니 가겠다고 하고는 수요일까지 어떻게 하든 우리 사무실로 전화를 걸어 이상 유무를 전할 테니 우리 사무실 전화를 받고 그다음 조치를 취하면 좋겠다고 서로 계획을 짰다.

그다음 사무실의 진선 씨에게 이런 내용의 말을 해놓고는 떠날 채비를 해야 했다. 사실 두려웠으나 한편으론 그대로 묵과(默過)만 할 수도 없는 일이었다. 그래! 나라를 위해 일 한번 해보자며 스스로 위안(慰安)을 했다.

일요일 저녁이 되자 이 간호사는 9명이 탈 수 있는 봉고차를 타고 운전하는 사람과 둘이서 날 데리러 온 것이다. 이유야 어찌 됐든 소개를 해줘 인사를 하고는 출발을 하게 되었다.

봉고차는 용인에서 고속도로에 올라 서울 쪽으로 올라가더니 신갈 인터체인지로 나갔다. 분당을 지나 성남의 어느 주택가 옆에 도착하더니 차에서 내리고는 반지하의 집으로 들어가는 것이었다.

현관문을 열고 들어가니 안에서 두 명의 아가씨들이 나를 보며 인사를 하고는 환영한다는 것이었다. 그리고는 준비해 놓은 저녁상에 앉아 자신들을 소개하였다.

한 아가씨는 이 간호사와 또래고 한 아가씨는 부산 동의대 휴학생이라는 것이다. 사람들은 인상들도 너무 좋고 성품들도 온화하였다. 휴학생을 제외하고는 세 명 다 20대 중반 같았다. 그리고는 나에 대해서는 이야기 많이 들었다며 만나 봬서 영광이고 반갑다며 같이 일하게 되어 너무 좋다고 하고는 같이 저녁을 먹었다.

그리고 내일부터는 일찍부터 교육을 받으러 가야 하니 일찍 주무시라는 것이다. 반지하 집은 방 2개와 조그만 거실과 주방, 작은 화장실과 뒷편에 베란다가 전부다. 내일을 위해 밤 10시면 소등해야 되고 05시엔 기상과 동시에 식사하고 교육장으로 출발한다는 것이다.

방 하나에는 두 명의 남자와 또 하나의 방에는 여자 셋이 잔다.

난 엎치락뒤치락하며 억지로 잠을 청해야 했다. 순간 어느새 잠이 들었을까 방에 불이 켜지며 은은한 음악 소리가 들리는 것이 기상하라는 신호인가 보다.

일어나 씻고 준비된 아침을 먹으니 05시 30분이다. 그리고 곧바로 교육장으로 출발하는 것이다.

난 오랫동안을 자가운전을 하여 서울시내와 근교의 지리는 잘 안다. 웬만한 택시 운전사보다 지리에는 밝다. 난 봉고차의 창가에 앉아 유심히 바라보며 행선지를 머리에 담았다. 늦가을이라 그 시간에는 어두웠지만 차가 가는 방향을 보고 목적지까지 길을 알 수 있었다.

차는 성남에서 서울 방향으로 질주하다 경원대를 지나고 장지동을 지나자 우회전하니 공수특전사 부대 쪽으로 들어가는 방향이다. 나를 실은 봉고차는 그 길로 쭉 올라 4층의 건물 앞에서 하차하는 것이다. 그곳의 위치는 지금의 5호선 마천역 주변일 것이다. 도착시간은 5시 50분이다. 4층으로 오르자 전체를 강당 식으로 꾸며놨는지 전면에는 강단이 있고 그 앞은 그냥 전체에 장판을 깔아 놓은 바닥이다.

약 400명을 수용할 수 있는 큰 공간인 것이다. 그곳을 들어서니 언제 와 있는지 이미 사람들이 꽉 차 있었다. 이 간호사는 나를 자리로 안내하고는 준비해 온 방석을 깔고 그 위에 앉히고는 자신은 내 등 뒤에 바짝 앉는 것이다.

그렇게 하여 나의 고난의 행군은 시작되었다. 06시가 되자 사회자가 환영 인사를 하며 강의에 대해 설명하고는 이어 강사가 나와 강의를 하는 것이었다.

첫날은 우리나라 사람들의 생활과 인성(人性)에 관한 이야기를 하는 것이다. 시간마다 새로운 사람들이 나와 강의를 하는데 사람들이 매혹(魅惑)이 될 정도로 분위기를 맞추며 잘하는 것이다. 나도 듣다가 감동하여 눈시울을 적시었고 조용하기만 한 강당 내에는 훌쩍거리는 소리만이 들려왔다.

이 교육장엔 쉬는 시간이 없다. 오전 내내 강의가 이어지는 것이다. 그런데도 누구 하나 이의를 제기하거나 화장실 가는 사람도 한명 없는 것이다. 구구 절절 옳은 소리를 하니 배울 것도 많고 분위기도 고조되니 모두들 경직되어 있다. 나 자신도 이럴 수가 있을까 할 정도로 심취(心醉)해 끌려가는 것이다. 연령층은 20~30대가 전체의 70% 이상이고 나머지는 나 정도와 전후의 남녀 사람들이 눈에 띄었다.

그렇게 오전이 지나자 그 자리에서 준비해 온 점심을 꺼내 먹는 것이었다. 나도 뒤에 있던 이 간호사가 가져온 가방에서 도시락을 꺼내고는 같이 먹는 것이다. 그 많은 사람들이 그렇게 식사를 하면서도 떠들거나 이야기를 하는 사람조차 없으니 신기하고 놀랄 뿐이었다.

식사를 끝내자 이 간호사는 물을 주고 하다못해 이쑤시개까지 챙겨주며, 화장실을 가는데도 이 간호사는 따라오며 시중을 드는 것이었다.

일단 교육장에 발을 디디는 순간부터 나갈 시간이 될 때까지는 그 공간에서 모두 해결하는 것이다. 그것뿐이 아니다. 그곳에서 교육받는 사람은 왕이 된 것 같다. 사람들이 환한 미소를 띠며 90도 각도로 친절하게 인사를 하며 조금도 불편하지 않도록 편하게 해주는 것이다.

그것뿐이 아니다. 강사가 강의를 하면 유니폼을 입은 젊은 여성이 둘이 나와 강사를 바라보며 좌측에서 무릎을 꿇은 채 앉아 한 여성은 시간 되면 눈치껏 물을 갔다 주고 90도 각도로 인사를 하며 들어오고, 한 여성은 칠판에 글씨가 차서 다음 장면으로 이어질 때 면 칠판 지우개를 들고 가 지우고는 90도로 인사를 하고는 들어가는 것이다.

점심 식사가 끝나자마자 앉은 채로 또 새로운 강사의 강의는 시작된다. 서너 시가 되자 몸이 저리고 자세가 흐트러지자 뒤에 있는 이 간호사는 뒤에서 나의 머리를 눌러주고 어깨와 허리를 주무르고 온갖 정성을 다한다. 어쩌면 가만히 보고 듣는 나보다 더 힘들 것이다. 아무튼 그 순간 그곳은 지상의 낙원이 따로 없다. 젊고 예쁜 여자들이 온갖 정성을 다해 편하게 해주니 좋을 수밖에 없는 것이다. 그렇게하라고 교육을 시키는 것이니 사람들의 인상에선 좋은 기억이 될 것이다.

나는 목적의식이 있어 바꿔 말하면 간첩을 잡으러 이곳에 투입되었으니 강의를 들으면서도 오직 다른 데는 관심 없고 허점만을 찾으려고 그 순간을 기다리는 것이 아니겠는가!

만약에 나도 목적이 없고 특별나게 직업이 별 볼 일 없었다면 100% 이들에게 현혹(眩惑)이 되었을 것이다. 오후 강의도 오전의 그것과 같이하는 것이고 7시 되어서야 끝이 나는 것이다.

건물 밖으로 나와 차에서 내렸던 곳으로 가자 봉고차가 대기하고 있었다. 봉고차에 타고 차가 떠나자 얼마 후 이 간호사가 말하는 것이었다. "선생님 오늘 어떠셨어요?"하며 소감을 묻는 것이었다. 난 "으~ 응 유익하고 좋았어. 내 평생 이런 자리에서 이런 강의를 듣는 게 처음이라 새롭고 신기하기만 해"하고 화답을 했다.

집에 도착하자 전날같이 씻고 저녁을 먹고는 각자의 사담을 나누고는 시간이 되자 자기 바빴다. 집에는 텔레비전도 없고 전화도 없다. 다만 삐삐가 오면 바깥의 공중전화를 이용하는 것 같았다.

다음날 05시가 되니 음악이 나오며 기상이다. 아침식사를 하며 교육장에 가려고 준비하느라 분주하다. 이를 위해 이 간호사와 일행은 더 이른 04시에 일어나 준비를 한다고 한다. 보통 정성을 들이는 게 아니다.

어찌 됐든 전날같이 06시에 강의는 시작되었다. 두 번째 날 강의는 경제에 관해서이다. 가족들의 생활 경제부터 국가 경제에 이르기까지 지루하지 않게 강사들을 바꿔가며 하는 것이니 흠잡을 것이 하나도 없는 것이다. 그 많은 사람들이 조금도 동요 없이 장시간을 적응하는 게 신기할 뿐이고 무엇보다 담배 골초인 내가 담배 생각 없이 있다는 것이 신기할 뿐이다.

담배는 아침 먹고 차 타러 갈 때와 끝나고 차에서 내려 집에 갈 때 이렇게 하루에 두 번을 피웠다. 그렇게 이틀이 지났지만 이렇다 할 조짐은 없었고 난 그들의 생활에 적응하며 빨려가고 있었다. 그러다 3일째가 되어 오후가 되자 그때서야 그들이 윤곽을 들어내 실체를 알 수가 있었다.

그날도 전날과 똑같이 프로그램대로 강의를 하였다. 오전에는 첫날과 둘째 날을 복합하여 강의를 한 것이다. 요약하자면 올바른 인성을 소유한 사람만이 제대로 경제를 알아 제대로 돈을 벌고 올바르게 쓴다는 내용이다.

그런데 오후 강의가 되자 대형스크린에 상품설명과 유통과정에 대한 화면이 나오는 것이었다. 순간 난 '아차차' 하며 모든 전말(顚末)을 알 수 있었다.

이것이 말로만 듣던 다단계라는 것을 즉감할 수 있었다. 이런 식으로 사람들을 모아 분위기를 조성한 다음에 끝에 가서는 목적을 위한 단계라는 것을 알 수 있었다. 유명한 세계의 브랜드를 끄집어내며 그들이 성공하기까지 비결은 유통 과정에서 중간 마진을 없애고 직접 소비자에 유통하므로 그 유통 마진을 소개하는 사람의 몫으로 분배한다는 것이다.

난 듣기는 했지만 관심은 없었다. 오직 간첩이 아니라는 결과를 기무사에 연락해 주는 것에 머리를 짜며 몰두해야 했다. 7시에 끝나고 집에 들어가 저녁을 먹고는 난 이 간호사에게 오늘 중으로 사무실에 전화를 해서 원고에 대해 얘기를 해주어야 한다고 하니 이 간호사는 나를 공중전화 있는 곳에 데려와 옆에서 듣는 것이다. 사무실에 전화를 했더니 늦었는데도 진선 씨는 나의 전화를 기다리고 있었다.

난 사전에 계획대로 저자한테 원고의 내용이 좋아 손보는 거

안 해도 된다고 전해달라고 했다.

그렇게 해서 간첩사건의 전말은 어이없게 끝난 것이다. 정말 웃고 싶어도 웃음이 나오지 않는 해프닝이었다.

난 나머지 날들도 변함없이 강의를 들었다. 이틀은 그들의 무용담과 성공사례를 강의하며, 듣는 사람들을 웃고 울리며 자유자재로 분위기를 고조시키는 것이다.

마지막 날은 소감 발표를 하는데 교육받은 사람이 나와 자신을 이렇게 훌륭하고 좋은 곳에 인도한 누구에게 너무너무 감사하고 고맙다고 하며 눈물을 글썽거리는 거였다. 그리고는 식구가 되어 함께 일하겠다는 입회서에 서명하는 것으로 일주일의 교육을 마감하는 것이다.

난 표정 그대로 너무 좋고 하고 싶은데 정리할 게 있으니 말미를 달라고 하고는 오후에 버스를 타고 용인 집으로 갔던 것이다.

그렇게 간첩인 줄 알고 일망타진하러 갔다가 생전에 보지도 듣지도 못한 경험을 해보아야 했던 것이다. 지금 그런 것들이 성행(盛行)하는 현 사회가 심각하다. 어처구니없게도 나도 갔듯이 그곳에는 남녀 대학생들이 휴학하고 많이 와 있으며 하다못해 가출한 사람들도 대부분이다.

더욱 기가 막힌 것은 군에서 휴가 나온 장병들이 그곳에 와서 있고 부대에 복귀를 안 한다는 것이다. 그것은 엄연히 탈영병인데도 말이다.

난 그 후에도 지인들이나 선후배들의 뜻밖의 전화를 해서 자신이 사업을 벌였는데 한번 와서 조언(助言)을 해달라고 하는 말을 듣게 된다. 또는 내내 연락 없던 사람이 연락해 오면 100% 다단계로 확신한다. 그동안 그런 식으로 내 곁을 돌던 사람들이 아마 그 숫자가 열 명도 넘을 것이다.

이유가 어찌 됐든 다단계의 얽혔던 일들은 한때 좋은 경험을 했었다는 추억으로 남기고 싶을 뿐이다.

집나간 강아지를 찾습니다.

퇴근하여 집으로 가는 길목에 우연히 전봇대에 붙어 있는 '강아지를 찾습니다'라는 A4용지에 강아지 사진이 붙어 있는 전단지를 보게 되었다.

자세히 들여다보니 우리 집 강아지 아롱이였다. 그리고 집 나간 강아지를 찾는다는 구구절절 기막히고 애절한 사연이 적혀있었다.

나의 두 딸들이 온 동네를 헤매고 찾아 나섰다가 도저히 찾을 수 없게 되자 궁여지책으로 만들어서 붙여 놓은 것이다.

그것을 본 순간 난 가슴이 뭉클해지며 마음이 저려왔다. 집 나간 아롱이의 행방도 궁금하여 마음이 아팠지만, 그보다도 아롱이를 찾아 나서며 발을 동동 구르며 안타까워 마음 졸이고 찾아다니고 있을 두 딸들 때문이었다.

오랫동안을 딸들과 아롱이는 있는 정 없는 정 다 들어 놓았는데 그런 아롱이가 별안간 집을 나갔으니 그 마음이 과연 어떠할지 같이 보며 지내왔던 나로서는 충분히 납득(納得)이 가기 때문이다. 두 딸들과 식구들의 사랑을 듬뿍 받고 재롱만 떨던 아롱이는 과연 어디로 나가서 헤매일까! 온 식구들의 걱정과 그리움이 범벅되어 찾아 나섰지만 못 찾고 결국엔 전단지에 의존하게 되었다.

아롱이가 우리 집에 들어와 같이 살게 된 것은 일 년 전 봄일 것이다. 그것도 묘한 인연으로 우리 식구와 연결되어 한집에 살게 된 것이다.

일 년 전 나는 편집실 사무실을 이사하기 위해 계약을 하고 준비 중에 있었다. 그때 편집실 직원으로 두 사람이 있었는데, 한 친구가 지방으로 내려가는 사정으로 인하여 한 사람을 채용하려고 인터넷 구인정보에 올려놓고 있었다.

그때는 월간지 한배달 잡지를 편집하는 게 우선이었기에 아예 한배달 이름으로 구인광고를 냈었다.

몇 명의 지원자가 연락을 해와 한배달 사무실에서 조옥구 이사와 같이 면접을 보게 되었다. 그날 세 사람의 면접을 본 후 조옥구 이사와 나는 국민대 국문학과를 나온 김자인 씨가 적합하다는 의견을 모아 그를 채용하게 되었다.

그리고 한 달만 한배달 사무실로 출근하여 조직적인 체계를 익히고 적응케 한 다음 이전하는 우리 편집실로 데려가려는 심산이었다.

그렇게 해서 지금은 사고로 유명을 달리했지만 당시 이일봉 사무국장이 그녀를 가르치며 사무실에서 함께 지낸 것이다. 난 며칠에 한 번씩 가끔 나가서 업무보고나 받고 점심이나 같이 하고 했을 때이다.

그러던 어느 날 이일봉 사무국장이 전화를 했다. 직원분이 눈이 퉁퉁 부어 무슨 일이 있는지 말도 하지 않는다고 하면서 날 보고 나와 보는 게 좋겠다는 것이다.

나는 의아해하며 오후에 한배달 사무실로 나가게 되었다. 사무실 문을 열고 내가 들어서니 나를 본 자인 씨는 환한 미소로 오셨느냐고 반기는 것이었다. 그 순간 난 별 일 아닌 것 같아 다행이다 하고 안도의 숨을 내쉬었다. 그리고 퇴근 후 저녁을 먹으며 말을 건넸다.

“오늘 컨디션이 안 좋아 보인다고 이 국장님이 말하던데 집에 뭔 일이 있는 거야?”하고 물으니 자초지종을 말하는 거였다.

집이 광주인 그녀는 오래전 어머니가 돌아가시자 아버지는 재혼을 하셨고 새어머니가 아들을 낳아 부모님은 광주에 사신다. 아버지는 그래도 자식에 대한 교육 열정이 강하여 그녀가 대학에 입학하자 정릉에 주거할 수 있도록 전세방을 얻어 주셨다.

바로 밑에 남동생도 대학에 들어가다 보니 동생도 왔다 갔다 하며 지내고 그녀는 졸업을 하게 된 것이다.

아버지는 당연히 딸자식이 사는 게 궁금하다 보니 일부러 혹은 사업상으로 올 때면 딸한테 오는 것이었다. 그런데 바로 어제 아버지가 오셔서 무엇을 잘못했는지 심한 호통과 꾸중을 하셔서 속상해 잠도 못자고 울었다는 것이었다.

난 의아해 물었다. “아니 지방에서 사시는 아버지께서 딸을 보러 오셔서 딸에게 꾸중을 하셨을 땐 자인 씨가 무엇인가 아버지의 뜻을 거역을 했거나 잘못을 해서겠지 괜히 그러시겠어?”하고 말하자 그녀는 자신은 잘못한 것이 없다고 말하며 별일 아닌 것을 갖고 괜히 트집 잡아 혼낸다고 오히려 아버지를 탓하는 것이다.

난 궁금해서 그 별일 아닌 게 뭐냐고 물으니 그녀는 별로 대수롭지 않은 듯 말하는 것이었다.

그 사연인즉, 오래 전에 어느 날, 집으로 들어가다가 우연히 집 나온 강아지가 헤매고 있는 걸 보게 되었는데 어린 것이 너무 가여워서 자신의 집에 데려와 씻기고 정성을 다해 기른다는 것이다. 그런데 아버지는 이것이 못마땅하여 당장 집에서 내보내라는 것이었다.

난 내가 생각해도 개를 좋아한다면 그 정도는 있을 수 있는 일 아닌가 하고는 의아하여 개가 몇 마리냐고 물으니 그녀는 주춤하다가 "세 마리요"라고 말하는 거였다.

난 놀라며 "아유! 그건 좀 심하다. 아무리 강아지를 좋아한다고 혼자 생활하며 세 마리를 기른다는 것은 좀 그러네. 아버지께서 뭐라 하실만하네 뭐"라고 말했더니 마음이 누그러졌는지 "좀 그런가요?"하며 다음을 걱정하는 거였다.

아버지는 당장 강아지를 치우라고 하시는 것이었다. 만약 당장 안 치우면 집을 다 정리해서 광주로 데려가겠다고 말을 했다 하니 아버지는 이번엔 확고한 결심을 하신 것 같았다. 그러니 어디에다 버릴 수도 누구한테 줄 수도 없는 상황이니 그녀 입장에서 볼 때는 막막할 뿐이다.

이야기를 다 들은 나는 그녀에게 말했다. "그러니까 그 강아지들만 치워주면 모두 다 해결되는 거지? 내가 당장 다 치워줄게" 라고 말하자 그녀는 놀라며 "네? 정말요 사장님께서 다 가져 가실 수 있으세요?"라고 묻는 것이었다. "그럼. 내가 아는 사람들 중에 서울 근교에서 농사짓는 사람도 있고, 넓은 땅에 사는 사람들도 많이 있으니 한 마리씩 맡아서 기르라고 하면 돼" 하고 말하자 순간 어려운 숙제를 다 푼 학생처럼 환한 미소를 지으며 "감사합니다."라고 응답하는 것이었다.

그리고 내가 나온 김에 가까우니 택시 타고 가져가겠다고 하고는 둘이서 그녀의 집으로 가게 된 것이다. 빈 상자를 구해서 강아지들을 담아 택시에 싣고 갈 심산이었다.

정릉의 약간 비탈에 지은 복합식 건물은 주변이 학교이니 학생들을 상대로 지은 것 같았다.

2층으로 올라가 문을 여니 아담한 방 두 개의 독채 집이다. 순간 강아지가 눈에 보이지 않기에 "강아지가 안 보이네"하고 말하자 위층에 빈집이 있어 거기에 있다는 것이었다. 아마 아버지가 보고 호통을 치시니 위층 빈집에 가둬놓은 것 같았다. 그래서 위층으로 올라가 문을 열어 보니, 아뿔싸! 순간 놀라 어안이 벙벙했다. 한 마디로 기가 막혔다. 내가 생각했던 것과는 완전히 딴판인 것이다. 그러니까 이건 집안에서 기르는 강아지가 아니고 밖에 내놓고 길러도 크다고 할 정도로 엄청 큰 개 한 마리와 그리고 중간 개도 내 무릎 높이만 하고 제일 작은 개는 치와와인 것이다.

큰놈들도 품종은 모르지만 애완견으로 누군가 귀하게 길렀던 건 맞는 것 같다. 이러니 그녀의 아버지가 와서 노발대발하셨을 테니 그때서야 그녀 아버지 심정을 이해할 것 같았다.

아니 나라도 아버지로서 이 광경을 봤더라면 더 난리 쳤을 것이다. 어찌 됐든 가져간다고 큰소리쳐놓고 왔으니 가져는 가야겠고 도저히 저 세 마리를 택시로 싣고 간다는 건 무리였다.

하는 수 없이 작은놈을 상자에 넣고 중간놈을 끌고 택시를 세워 사정하며 웃돈까지 얹혀주고 태웠다. 그리고 제일 큰놈은 다음날 차를 끌고 와서 싣고 간 것이다.

마침 그때 내가 살고 있는 집은 단독주택으로 조그마한 정원과 마당이 있고 옆에 장독대 밑에 창고가 있었다. 세 마리 개들을 끌고 집에 오니 식구들은 황당하여 어안이 벙벙 기막혀했다. 그것도 한 마리도 아니고 세 마리나 되니 아내는 개 장수할 거냐고 비아냥거렸다.

그런 가운데도 개들을 제일 반기고 좋아하는 사람은 딸들이었다. 영문도 모르면서 무조건 치와와를 예쁘다며 부둥켜안고 그길로 목욕시키며 “아빠! 얘는 우리가 기르자”며 조르는 것이었다. 그렇게 식구들이 좋아하는 바람에 아롱이는 우리 식구가 되었고 큰개들은 용인의 회원들한테 기르라고 분양을 해버린 것이다.

그렇게 해서 식구가 된 아롱이는 두 딸들의 지극정성의 사랑을 듬뿍 받으며 지내온 것이다. 딸들은 털을 깎아주고 리본을 달아주고 옷도 해 입히고 발톱에 매니큐어를 칠해주는가 하면 먹는 것도 최고급이니 개 팔자가 상팔자라는 말이 나올 만 하다. 그렇게 애지중지 아끼던 아롱이가 집을 뛰쳐나갔으니 딸들과 식구들은 안달하며 찾아 나서게 된 것이었다.

아롱이가 집을 나가기 며칠 전에 이상한 행동을 했었다. 방 한쪽에서 한쪽으로 팽이 돌듯 빙빙 도는가 하면 “이리와”하면 앞으로 오다 옆으로 가곤 하는 것이었다. 두 딸들이 병원에 데려가 진찰을 해보니 한 쪽 눈이 희미하게 보여 한 쪽으로 도는 것이고 발병 원인은 스트레스를 받아서라는 것이다. 매일 낮이면 비어있는 집에서 혼자 있는 것도 원인이라고 한다.

그래서 두 딸들은 아롱이를 치료해 주려고 음악도 틀어주고 정성 들여 보살피는 중이었는데 갑자기 집을 뛰쳐나갔으니 더 가슴이 저리는 것이다.

전단지 붙이고 3일이 지나자 그것이 효과가 있었다. 누군가 아롱이를 보호하고 있다가 전단지를 보고 연락을 한 것이었다.

그렇게 해서 다시 집에 돌아온 아롱이는 식구들의 더 큰 사랑을 받을 수 있었다. 그러나 그 후 한 달쯤 되었을까? 아롱이는 또 다시 집을 나가더니 영영 소식이 끊겨버려 식구들의 가슴과 기억에도 멀어진 것이다.

어찌 됐든 아롱이의 추억은 이것으로 끝이 났다. 좀 아쉽긴 하지만 내 다음 생애에는 아롱이 같은 개로 태어나려 한다. 그것도 똥개가 아닌 좋은 품종으로...

엽기적인 그녀

동물들을 아주 좋아하는 편집부의 김자인 씨는 엽기적인 행동에 사람들을 경탄(驚歎)하게 한다.

특히 강아지와 고양이에 대해서는 너무나 지나치도록 각별한 사랑과 애착(愛着)이 남다르다. 그러다 보니 강아지와 고양이들도 그녀의 품성을 아는지 그녀를 따른다. 그러나 사회생활에 있어 동물들과 함께 생활하다 보면 종종 혼란이 야기돼 질타를 받는 경우가 종종 있다.

어느 날이다. 그날은 월간지 원고마감 날이라 바쁘게 서둘러야 했다. 그래서 전날 좀 일찍 나오기로 사전에 약속을 잡았었다. 나도 마감 점검을 하기 위해 평소보다 좀 일찍 나갔다.

다들 일찍 나와서 자기 일들을 하는데 유독 한 사람 김자인 씨는 눈에 보이지 않는 것이다. 난 오겠지 하며 다른 사람들이 오히려 눈치 볼까 내 방으로 들어가 있었다.

방으로 들어온 나는 그녀가 오지 않자 씩씩거리며 나타나길 기다렸다. 그러자 그날 일찍 온다고 한 것이 제시간이 되어서야 헐떡거리며 들어온 것이다. 난 몇 안되는 다른 사람들까지 기강이 해이해질까 봐 그 상황을 도저히 묵과할 수 없어 한마디 하려고 내 방으로 불렀다.

주눅이 들어 들어온 그녀에게 오늘 원고 마감의 중요성을 알 텐데 그런데도 불구하고 늦은 이유를 납득이 가도록 정직하게 소상히 말하라고 했다. 그랬더니 고개를 한쪽으로 기울인 채 시선을 그쪽으로 고정하고 말을 하는 것이었다.

이야기를 들은 나는 너무 어이없고 황당하여 말문이 막혔다.

그녀가 출근하기 위해 지하철을 타고 내려 사무실로 걸어오는 도중에 길옆으로 세워진 차 밑에 고양이 새끼 한 마리가 울고 있더라는 것이다. 그런데 그 고양이 새끼는 집을 잃었는지 꾀죄죄

하고 종일 굶었는지 배가 홀쭉하여, 그것을 보고 차마 발걸음을 옮길 수 없었단다. 그래서 편의점에 가서 참치 통조림을 사다가 주고 왔다는 것이다.

그녀의 말을 듣고 나는 기가 막혀 거기다 대고 차마 잘했다고 할 수도 없고 이유를 정직하게 말하라 했으니 더 이상 할 말이 없었다. 일하려고 회사에 나오다가 고양이 새끼가 불쌍하다고 밥을 사다 주느라고 늦었다가 과연 옳은 것인지 헷갈리기만 한 것이다.

그런 일이 있고 난 뒤 몇 달이 흘렀다. 며칠 동안을 군부대 행사일로 사무실을 나가지 못하다 어느 날 오후에 사무실에 가게 되었다. 업무를 보다가 화장실에 갔다 들어오는데 갑자기 시커멓게 생긴 조그만 강아지가 어디서 나왔는지 획하고 나오더니 책상 밑으로 들어가는 것이었다. 난 놀라 "저게 뭐야 강아지 아냐? 웬 강아지냐"하고 물었다.

한참 후 자인 씨가 말을 해 들어보니 또 기가 막혀 할 말을 잃었다.

출근길에 지하철에서 내려 걸어오는데 집 잃은 강아지가 졸졸 따라오더니 결국에 사무실까지 쫓아와서 하는 수 없이 데리고 들어 온 것이라는 것이다. 난 어이없어하다가 말했다.

"그렇다고 2층 사무실에서 어떻게 하려고 그래? 냄새나고 용변보고 그러면 어쩌려고. 오늘 당장 집으로 가져가. 아니면 다른 사람 줘버릴테니까!" 그러다 그 강아지는 결국 근교 별내에서 크게 비닐하우스 농사를 짓는 회원에게 갖다 준 것이다. 그런 후 틈만 나면 묻는다. "강아지 잘 지내고 있겠죠?" 난 회원에게 전화를 자주하는지라 꼭 강아지 잘 크냐고 묻고 하는 바람에 "잘 있다고 한다. 이제는 잘 적응해 주인만 알고 다른 사람들한테 가지도 않는다고 하네. 이제 자인 씨도 못 알아 볼거야."하고 말하곤 했다.

그러던 한참 후 그 회원이 전화를 해왔다. 그 강아지가 없어졌다고 하는 것이다. 난 할 수 없지 뭐! 혹시 들어오면 다행이고 아니면 잊도록 하라고 말했던 것이다. 난 자인 씨에게 강아지 잃어버렸단 말을 하지 않았다.

그러나 자인 씨의 엽기적인 행각은 그것으로 그친 게 아니었다. 강아지를 보낸 후 얼마간 잠잠하더니 이번엔 해괴한 일로 사람들을 황당하고 당황케 했다.

어느 날 한배달 회장이 거여동에서 테니스를 치고 지나가는 길에 사무실에 들른 것이다. 원탁에 둘러앉아 이런저런 이야기 끝에 투고한 자신이 글에 수정 좀 할 게 있다고 하는 것이다. 원고는 이미 디자인 단계로 넘어간 상태라 맥킨토시로 디자인하는 선영 씨에게 컴퓨터 화면으로 보여드리게 하였다. 그래서 박 회장님은 선영씨 옆으로 다가가 모니터를 보며 설명을 하는 것이다. 이때 나도 그의 곁으로 나가가 모니터를 보며 설명하는 것을 보고 있는데 그때 쾌쾌하고 노린내 같은 냄새가 내 코를 자극하는 거였다. 순간 난 박 회장 몸에서 나는 것으로 생각했다. 박 회장은 군 장성 출신으로 신체가 크고 건장하다. 우리 민족 역사에 관심을 갖고 공부하며 의상도 고유의 풍속대로 개량 한복을 입고 다니신다. 한 달에 한 번 테니스 모임을 갖고 그날도 운동을 끝내고 지나가다 들르신 것이다. 난 박 회장이 테니스를 쳐서 많은 땀을 흘려 땀 냄새가 심하게 나는가 보다 생각했다.

얼마 후 일을 끝마친 박 회장이 나가자 난 그를 배웅하고 사무실로 돌아왔다. 내 방으로 들어가다 선영 씨를 보고 "선영 씨! 아까 박 회장님 몸에서 이상한 땀 냄새 같은 게 심하게 나 몹시 비위가 안 맞던데 못 느꼈어?"하고 지나가는 듯 말을 했다. 그러자 선영 씨와 맞은편의 자인 씨는 조용히 미소만 지으며 말이 없었다.

다음날, 그날은 자인 씨가 인쇄소로 외근을 나가고 사무실에 없었다. 그런데 디자인을 하는 선영 씨가 나에게 드릴 말씀이 있다고 들어 왔다. 한 번도 그런 일이 없던 그녀가 나에게 할 말이 있다고 내 방에 들어오니 궁금하기만 했다. 난 편하게 말을 하게끔 하고는 그녀의 말을 들어보았다.

순간 나는 황당하고 기가 막혀 붉으락푸르락 얼굴이 붉어지며 열이 올라왔다. 선영 씨는 "어제 박 회장님 방문때 박 회장님의 땀 냄새는 사장님께서 오해한 것입니다."라고 이야기는 시작이 되었다. 이 일은 사장님께서 아시면 절대 안 된다고 자인이 언니가 말을 해왔는데 어제 같은 오해의 일들이 생기니 이건 아니다 싶어 사장님께서 꼭 아셔야 할 것 같아 말씀드린다는 것이다.

지난 번 자인 언니는 강아지를 보내고 얼마 후에 애완용 토끼 한 쌍을 가지고 와 책상 밑에 두고 키우고 있는데 어제의 냄새는 박 회장님 몸에서 나는 것이 아니고 토끼 우리에서 나는 것이라고 말하는 것이다.

난 놀라 선영 씨를 앞세워 토끼가 있는 곳으로 가보았다. 2층 사무실은 창문을 향해 책상이 서로 마주 보며 4개가 있고 좀 떨어져 큰 원탁이 있다. 그 뒤로 내 사무실이 따로 되어 있는 게 사무실 구조다. 창가 쪽 책상에 자인 씨가 있고 마주 보이는 게 선영 씨 책상이다.

그 책상 밑으로 가보니 과연 토끼 한 쌍이 들어있는 철망으로 된 집이 보였다. 딱 내 주먹만 한 크기의 두 마리의 토끼는 큰 눈에서 광채를 내며 뭔가 먹고 있는 것이다. 예쁜 것이 보기는 좋다. 사람들이 남의 책상 밑에까지는 가질 않으니 거기다 숨겨 놓을 만은 하다. 하지만 이렇게 냄새라는 변수가 있으리라는 것은 자인 씨는 꿈에도 생각 못 했을 것이다. 어찌 됐든 그 다음이 문제인 것이다. 난 선영 씨를 통해 이 사실을 알게 되었지만, 선영 씨 입장에서는 고자질한 게 되었고 선영 씨가 입장이 곤란하게 되었으니 말이다. 자인 씨보다 세 살 적은 선영 씨는 자인 씨를 언니 언니하며 잘 따르며 호흡이 잘 맞아 일도 잘한다. 바로 이런 문제만 없다면 둘 사이는 평탄한 것이다. 난 고민하다 선영 씨에게 일단은 내가 알았으니 선영 씨는 내게 말을 안한 것으로 하고 평소대로 내가 모르는 것으로 하라고 했다.

나는 어찌할까 고민하고 있었는데 어처구니없게도 그 토끼 건은 내가 신경 쓸 필요 없이 저절로 해결되고 말았다. 그것은 여름휴가로 3박 4일씩 교대로 휴가를 가게 되었는데 휴가를 가게 된 자인 씨는 바로 위에 옥상 한쪽 구석에 토끼를 갖다 놓고는 물과 먹이를 넉넉하게 넣어주고 휴가를 간 것이다. 그런데 하필 그때 장마가 시작되더니 엄청나게 많은 비가 쏟아진 거였다.

어느 날 휴가를 마치고 자인 씨가 출근하여 제일 먼저 옥상에 토끼한테 가보니 장마로 내린 비바람에 못 견디고 토끼들이 죽어 있는 것이다. 그때의 자인 씨 표정은 상상만 해도 알 수 있을 것 같다. 아마 놀라고 죽상으로 일그러져 있을 게 뻔하다. 하지만 자업자득 순리의 결과이니 누굴 원망할 것인가!

이 기회에 안 되는 일도 있다는 것을 스스로 깨우치길 바랄 뿐이다. 하지만 한편으론 이해를 한다. 자라온 과정에서 환경의 지배 속에 고독과 외로움의 둘레에서 생명체의 동물들만이 서로를 이해하고 아껴주는 유일한 벗들이 되었을 테니 말이다.

그런 일이 있고 난 다음부터 자인 씨는 묵묵히 일만 하는 것 같다. 원래 실력은 있는지라 자기 전공을 살려 틈틈이 집필하여 '언어영역 2문제만 틀리기'란 책을 출간도 하였다. 그리고 중 3이 된 나의 작은딸을 사무실로 불러 공부를 가르쳐 주기도 하고, 그렇게 사무실에 출근해 일하며 야간 대학원에 진학하여 공부하면서 석사과정을 마치기도 하였다.

이후 세월이 가니 뜻맞는 이성을 만나 가정을 이루고 좋아하는 강아지와 고양이를 마음껏 기르며 행복하게 잘 살고 있다.

등산 갔다 얽힌 황당한 사연

지난날 한때 순간적인 오판으로 물심인(物心人) 삼면(三面)을 몽땅 잃은 적이 있었다.

그 순간은 절망감에 사로잡혀 속세를 떠나고 싶어 오랜 기간을 방황을 했다. 생각할수록 어처구니없고 배신과 분노에 쌓여 술로 달래곤 한 적이 있었다. 그러다 문득 깨달음에 다시 나의 자리로 돌아오고자 많은 활동을 하였다.

그러다 보니 저녁에는 술자리가 빈번하였다. 그때 지인 중 금융계에 근무하던 최수봉 과장이 있었는데 최 과장은 나의 처지를 안타깝게 생각하며 재기할 수 있도록 여러 방면으로 많은 도움을 주었다.

그는 퇴근길에 들러 많은 격려를 아끼지 않았고 그러다 휴일만이라도 술을 먹지 말고 자연을 벗 삼아 등산을 가자는 것이었다. 난 고개를 저으며 산에 올라다니는 것은 군에 있을 때 지겹게 해서 생각만 해도 신물이 난다며 일축해 버렸다. 사실 난 군 제대 후 30년 가까이 등산이란 걸 가본 적이 없다. 다만 낚시를 좋아해 민물낚시는 많이 다녔다. 그런 나에게 오랫동안 산에 오른 선배로서 등산을 하게 되면 정상까지 오른다는 굳은 신념이 생기게 되고 의지와 끈기로 정상을 정복했을 때 승리의 쾌감은 말로 표현할 수 없으며 무슨 일이든 자신감을 갖게 된다고 일요일에 가자고 하는 것이었다.

몇 번의 일요일이 지나도록 일이 있다는 핑계로 미뤘는데 자꾸 그러니까 할 수 없이 갈 수밖에 없는 상황이 되었다. 얼마나 산행을 잘하는지 모르겠지만 측은지심(惻隱之心)이 들어서인지 나를 인도하여 산행을 하겠다는 것 같았다.

나는 자꾸 거절할 수 없고 또 내 뭔가 다시 일을 하겠다는 시점에서 나의 자존심 문제도 걸려 있는 것 같아 "그래 까짓거 가자가"하고 마음먹고 "그럼 한번 갑시다."라고 했던 것이다. 그러고 나니 내심 걱정은 들었다. 산에 오른 기억은 군 시절뿐인데 매일 술에 찌들고 배는 나왔는데 괜히 빌빌대다 퍼져 개망신당하는 거 아닌지 이런저런 생각에 "에이 어찌 되겠지"하고 생각을 접고 지냈다.

일요일이 되자 최 과장은 어김없이 전화를 했다. 준비하고 온다는 것이다. 난 전날 저녁에도 늦게까지 손님들과 술을 먹었는데 아침까지도 취기가 깨지 않고 술 냄새가 진동을 하는 거였다.

순간 걱정은 들었지만 약속은 약속이니 대충 복장을 꾸려 나갔다. 처음 가는 등산이니 옷이나 등산화가 제대로 있을 턱이 없고 간단하게 반바지에 운동화 차림이다. 아이들 베낭에 김밥과 물을 넣고 사무실 앞으로 나가니 최 과장이 자동차를 몰고 와 있다.

최 과장은 등산을 자주 다닌다고 하더니 그래서인지 등산복장을 꾸려서 나왔다. 나를 태운 최 과장은 어딘가로 차를 몰더니 도착한 곳이 운악산이었다. 그러니까 나의 등산 첫 경험지가 바로 운악산인 것이다. 그리고는 차를 주차해 놓고 두 사람의 산행은 시작된 것이다.

최 과장이 앞에 서고 난 그 뒤를 따라갔다. 이런저런 이야기를 하며 올라가니 계속 사람들이 다니는 길로만 가는 것이었다. 난 산꼭대기까지 이렇게 길이 있느냐고 최 과장한테 물으니 그렇다는 것이었다. 그때 난 속으로 그냥 길로 가는 건 누구나 가면 되는 거 아닌가? 난 여태껏 등산하면 군에서 산에 돌격 앞으로 하면 길도 없는 산을 헤집고 올라가야 하듯 그렇게 올라가는 줄만 알았다 그런데 이렇게 길만 따라 올라 가는 것이라니 난 쩝쩝거리며 다행이라 생각하고 올라갔다.

한참을 올라가니 힘이 드는지 최 과장은 말수가 적어졌다. 그리고는 좀 쉬었다 가자는 것이었다. 물을 꺼내 마시고는 몇 마디 나누다 올라갔는데 올라갈수록 쉬는 횟수가 많더니 지친 것 같았다.

나는 뒤따라가며 쉬는 것도 힘들어 기운날 때 올라가자하고 최 과장을 앞질러 올라갔다. 이런저런 생각을 하고 한참을 올라가서 뒤를 보니 참내 기가 막혀서 최 과장은 어디 있는지 보이질 않는 것이다.

난 앉아서 최 과장이 보일 때까지 쉬다 올라오는 모습이 보이자 "부지런히 오시오"하며 소리쳤다. 세상에 산행을 안내하며 인도하겠다는 사람이 뒤처져 있으니 황당하다. 오히려 내가 앞서가며 그를 기다리다를 반복하다 정상을 오르고 내려왔던 것이다. 전후 사정이야 어찌 됐든 최 과장 덕분에 나는 그날 산행의 첫 테이프를 끊었으며 정상 정복의 상쾌함을 만끽했던 것이다. 그 후부터 최 과장은 나에게 등산가자고 한 적이 없었다.

그런 일이 있고 난 뒤 많은 시간이 흘러갔다. 지인 중에 동양생명에 설계사로 근무하는 최묘숙이란 40대 중반의 여성이 있었다. 어찌하다 작은 보험을 들었는데 그는 고객의 관리 차원에서인지 아니면 같은 지역에 살다 보니 지나가는 길에 들르는지는 모르지만 자주 찾아왔다.

직원들에게도 사은품을 갖다주며 접하다 보니 친숙하게 지냈다. 그런 그가 어느 날부터인가 "사장님! 일요일에 등산을 가시지요?"하고 부추기는 것이었다. 자신이 지역의 산악회 총무라며 매달 한 번씩 명산을 산행한다는 것이었다.

회비도 만원 밖에 안하고 점심을 비롯해 푸짐하게 간식도 나온다며 가자고 재차 설득하는 것이다. 몇 번을 바쁘다는 핑계로 거절했다가 결국엔 꼬임에 넘어갔다고나 할까 "한번 가보자"라고 마음먹고 일요일에 나선 것이다.

지정된 장소에는 대형버스가 대기하고 있었으며 시간이 되자 사람들이 모여들기 시작하였다. 반가운 듯 서로 인사를 나누고는 버스에 탑승을 하는 것이다. 나도 최묘숙 씨를 만나 그의 안내를 받으며 버스에 올라탔다. 그날의 등산 행선지는 양주의 감악산이라 한다. 버스가 출발하여 시내를 벗어나려고 저속으로 운행 중이다. 이때 사회자는 인사를 하며 안내를 하고는 이 자리에 처음으로 오신 분이 세 분이 계신다면서 인사와 자기 소개를 하라는 것이었다. 분명 나를 포함한 이야기인 것이다.

난 그동안 많은 행사들을 치르고 다녀서인지 이런 자리까지 와서 얼굴을 내놓기가 어색하고 정말 싫었다.

하지만 판을 깔아놓은 상황이니 어쩔 수 없이 내 차례가 되자 자리에서 일어나 인사를 하고 어디에서 사는 누구라 하며 잘 부탁드린다고 간략하게 말하고 앉았다.

가는 도중 아침을 안 먹은 사람을 위해 김밥과 물이 나왔으며 버스가 목적지에 다다르자 산악대장이란 사람이 감악산에 대한 설명을 비롯해 산세의 취약한 부분의 주의와 안전수칙에 관하여 설명하고는 선두와 후미에서 산악회 대원이 무전기를 켜놓고 보호한다는 것이었다.

그의 말을 다 들은 난 이 부분만은 높이 평가하고 싶었다. 목적지에 도착하자 곧바로 산행은 시작되었다. 난 최묘숙 씨를 비롯해 일행 몇몇과 조를 이루어 산을 오르게 된 것이다.

여러 사람들과 어울려 오르는 산행은 그리 힘들지가 않았다. 아니 바꿔 말하면 재미있기도 하였다. 그러면서도 난 혹 그들과의 대열에서 처지고 이탈하지나 않나 하는 노파심에 묵묵히 부지런히 올라가야 했다.

만약 처져서 빌빌대며 대열에서 이탈하게 된다면 망신도 개망신일 뿐이며 완전히 창피한 일이고 거기다 날 데리고 간 최묘숙 씨 입장은 뭐가 될까 하는 있지도 않을 아찔한 생각을 하며 정상을 등반하고 무사히 하산한 것이다.

버스가 주차된 곳에는 점심식사를 준비하는 여러 사람들이 있었고 그 옆에는 이미 등반을 끝냈거나 도중에 하산했는지는 알 수 없지만 많은 사람들이 군데군데 무리 지어 있었다.

얼마 후 점심을 먹으려 자리를 펴놓은 곳으로 다가가 보니 한마디로 입이 쩍 벌어지는 광경이 펼쳐졌다. 그것은 한마디로 어마어마한 진수성찬의 식단이 준비된 것이다. 대형 가스통의 버너 위에는 쇠고기를 가득 넣은 국이 펄펄 끓고 있었고 식단에는 별의별 반찬들이 다 놓여 있는 것이다. 대부분 여성 회원들이 가져온 것을 펼쳐놓은 것이니 그 종류는 이루 말할 수 없는 것이다.

어찌 됐든 땀 흘리고 높은 산을 등반하고 내려온 나에게는 못 먹거나 사양할 이유가 없다. 그래서 마구잡이로 먹어 댄 것이다. 그렇게 산행을 마치고 무사히 귀가 한 것이다. 이런 계기로 난 매달 산행에 동참하게 되었다.

그런데 언제인가는 전라도에 있는 대둔산을 가게 되었다. 거리가 멀다 보니 일찍 출발하게 되었다. 갈 때는 친한 사람들끼리 소곤거리며 말을 나누는 사람이 있었고 나같이 피곤한 사람들은 버스 뒤쪽에 가서 잠자기 바쁘다. 그래서 난 버스를 타면 맨 뒤에 자리를 잡는다. 그날도 높은 대둔산을 등반하고는 잘 먹고 잘 쉬다 오는데 장거리라 무료해서 그런지 버스 안에서 춤판이 벌어졌다. 갑자기 버스 창문에 커튼을 치고 불이 나가자 번쩍거리는 조명으로 대체되며 음악과 함께 춤판이 벌어졌다. 그러자 갑자기 앉아 있던 사람들이 남녀 할 것 없이 모두 일어나 좁은 통로에서 춤을 추는 것이었다. 난 의아해하며 이런 면도 있구나 하며 쳐다보았다. 자동으로 튀쳐나와 춤추는 걸 보니 대단한 솜씨들이다. 마치 이렇게 놀기 위해서 오는 것만 같았다. 아니 사실이 그랬다. 가만히 생각하며 통계를 내보니 가까운 산에 갈 때는 빈 좌석이 많았는데 이렇게 멀리 갈 때는 꽉 차는 것이다. 주말이라 차가 밀리면 길에서 7~8시간을 보내는데 이들은 이 순간을 기다렸다는 듯이 물 만난 고기떼 마냥 그 시간을 춤추며 노는 것이다. 모두 춤들도 잘 추는 것이었다. 그렇게 추다 부둥켜안고 블루스를 추고 하니 카바레가 따로 없다. 그래도 나와 같이 뒤에서 자는 사람은 춤을 추거나 말거나 관심 없이 코를 고는 것이다.

이렇게 난 등산에 매력을 갖고 한 달에 한 번씩 산악회 등반에 참석했다. 사실 매일 담배 피우고 술 먹고 못된 짓을 하는 나도 한 달에 한 번씩 땀을 흘리며 맑은 공기를 마시며 등반을 하며 건강을 챙기는 것인데 좋을 수밖에 더 있겠는가! 더군다나 만 원만 내면 차 타고 실컷 먹고 오는데 절대 안 좋을 리가 없는 것이다.

그러던 어느 달 나는 등반 중에 황당하고 기가 막히다 못해 어이없어 웃을 수밖에 없는 일이 벌어졌다. 이때에 나는 산골짜기 다람쥐란 별명이 부쳐진 것이기도 하다.

그날은 강원도 월악산 겨울 산행으로 눈이 쌓여 미끄러우니 꼭 아이젠을 착용하라는 것이었다. 몇 번의 산행에 이어 겨울 산행을 맞이하니 나는 내심 걱정과 호기심으로 기대감에 부풀었다. 처음 착용해 보는 아이젠을 준비하고 갈 채비를 한 것이다.

버스가 월악산 입구에 도착하자 그날은 정상을 넘어 서쪽 입구에 버스를 대기하니 그쪽으로 하산하여 집결하라는 것이었다. 그러자 컨디션이 안 좋은 몇몇 사람은 산행을 포기하고 버스에 타고 서쪽으로 가면 거기서 중간만 갔다 온다는 것이었다.

난 대강 준비를 하고 출발하는데 전날 과음을 했던지 속이 쓰리고 배가 아픈 것이었다. 그래서 화장실 가서 일보고 마음 편하게 가자고 생각하고는 최묘숙 씨에게 뒤따라 갈 테니 먼저 가라 하고 화장실을 간 것이다.

한참 후 시간이 흘러 나의 산행은 시작되었다. 앞쪽을 바라보니 얼마나 멀리 갔는지 사람들이 보이질 않는다. 나는 부지런히 뛰다시피 쫓아가기 바빴다. 몇 번의 산행을 해보니 처음 이 삼십 분 산행이 힘들다. 몸이 풀리지 않은 상태라 그런가보다. 그 순간만 무리를 해서라도 버티면 그다음부터는 자유자재로 컨디션 조절이 가능한 것이다. 어찌 됐든 나는 맨 뒤에 처져 있으니 무조건 달려야 하는 거였다. 포기할 수도 없는 것이 버스가 이미 서쪽 입구로 갔고 제시간 안에 도착하지 않으면 밥도 굶고 그 자리에서 퍼져버리면 나 홀로 미아가 되는 것이다.

다급해지자 옛날 군에서 산악구보 하던 때를 연상하며 뛰고 뛰어야 했다. 그러나 온통 눈이 쌓이고 빙판이라 뛰는 게 쉽지만은 않았다. 순간마다 미끄러지고 낙상하며 추운 겨울날이건만 온몸에 땀이 흘러 땀으로 범벅이 되었다. 연신 아이고 내 팔자야! 한탄 소리를 내지르며 뛰고 또 뛴 것이다. 그렇게 뛰다보니 지성이면 감천이라 앞에 많은 무리의 사람들이 보여 그들을 따라잡을 수 있었다.

그러나 그들은 우리 일행이 아니었다. 다시 그들을 앞질러 뛰어가니 이상하게 여긴 그들은 이런 내가 안타까워 보였는지 좀 쉬다 가라고 말하는 것이었다. “아~ 예~ 감사합니다. 그런데 피치 못할 사정으로 급히 가야 합니다"라는 말만 내던지고 산을 넘고 또 넘어 뛰어야 하는 것이다.

한참을 가니 사람들이 군데군데 앉아 쉬고 있는 것이 보였다. 그리고 그 옆에는 대여섯 명의 사람들이 흩어져 막대기를 저으며 무엇을 찾고 있는 것이었다. 그 모습을 보니 우리 일행 중 노란 옷을 입은 부부가 있던 것이 떠올라 난 이제야 일행과 합류를 하는구나 하며 안도의 숨을 쉴 수 있게 되어 잠시 앉아 쉬게 되었다. 여자들 세 명과 남자 네 명이 무엇을 찾는 것을 보고 "무엇을 잃었나요?"하자 한 아주머니는 예! 요 근처에서 쉬면서 배낭을 열어 물과 먹을 것을 꺼냈는데 가려고 보니까 집의 열쇠뭉치에 차고 있던 팔지를 묶어 놓은 열쇠꾸러미가 없어져 어디 떨어져 있는지 찾고 있다고 하는 것이다. 난 "아! 그랬군요." 하며 나뭇가지를 꺾어 주변을 휘저으면서 같이 찾고 있었다.

그렇게 20여 분간을 열쇠뭉치 찾아 헤매는데 그때 그들이 이야기하는 것을 듣게 되었다. 새벽에 대전역에서 여기 올 때까지 배낭을 열지 않았다는 것이다. 순간 난 대전이란 소리에 슬그머니 물어 보았다. 어디서 오셨는데요? 하니 대전에서 왔다는 것이었다. 순간 황당하고 어이없어 울고만 싶은 심정이었다. 죽어라 뛰어와 우리 일행인 줄 알고 좋아하며 같이 열쇠뭉치를 찾아준다고 여태껏 시간을 다 소비했는데 맙소사! 난 그 길로 먼저 간다고 하고는 또 다시 바쁘게 뛰기 시작한 것이다.

앞에 가는 사람들을 제치고 뛰고 뛰었건만 앞서간 최묘숙 씨는 보이질 않는다. 정상에 다다르니 많은 사람들이 정상 등반을 만끽하며 자기 소리가 메아리쳐 되돌아 오길 기다리며 소리를 지르건만 난 일행들을 따라잡으려 정상에서 쉬지도 못하고 그때부터는 서쪽 방향 내리막으로 뛰어야 했다. 쭉 미끄러져 붕붕 날아가 떨어지고 눈 덮인 데로 뛰어내려 구르고 뒹굴고 하면서 그렇게 내려가니 앞에서 최묘숙 씨 혼자 가는 것이 보였다. 난 순간 심봤다 하는 심정으로 너무나 반가워 그의 곁에 다가간 것이다.

최묘숙 씨가 날 기다리며 천천히 가느라고 맨 뒤에 처져 있는 줄 알았는데 다행히 그게 아니었다. 사람들은 중간중간 흩어져 쉬고 있어 최묘숙 씨가 제일 선두라는 것이다.

둘이 바위 위에 앉아 쉬며 난 뒤따라왔던 기막힌 사연을 이야기하노라니 내 말을 듣던 최묘숙 씨는 깔깔대며 아예 눈밭에 뒹굴어 가며 웃어대는 거였다.

참 내! 남은 기막히고 힘들어 죽겠는데 창피하게 면전에서 눈물을 흘려가며 웃어대는 것이었다. 그리고 밑에 내려가 점심을 먹었는데 자기들끼리 모인 자리에서 나의 무용담을 이야기해 놓고는 웃고들 있는 것이었다.

그 바람에 그 후부터 나에게는 산골짜기 다람쥐란 별명이 탄생한 것이다. 그렇게 월악산의 겨울 산행은 길고 긴 한편의 추억을 만들었던 것이다. 다른 산악회도 다 같은지는 모르겠지만 이 산악회는 유독 대단한 것 같다. 친목이 우애가 넘치는 것인지 단합심도 대단하고 누군가 재정적 후원을 해주는 것 같았다.

지난번 대둔산 산행 때는 출발 장소에 지역 국회의원이 배웅을 나와 잘 다녀오라 환송을 해주는 것이었고 원래 다 그런지 아니면 이 지역이 특별한지는 모르겠지만 싫지 않은 것은 틀림없다.

하지만 다 그런 것은 아니겠지만 그 산악회라는 실체를 알게 되자 난 실망감에 사로잡혀 그 뒤로는 나가지 않게 되었다. 한 달에 한 번이면 군소리 없이 등산가는 나의 모습에 아내를 비롯한 두 딸들은 신기한가 보다. 등산 준비를 챙겨주며 오늘은 어느 산에 갔다 왔냐며 힘들지 않으냐는 둥 묻는 것이었다.

마침 다음 달에는 서울 인근의 백운산으로 가고 그때는 새봄을 맞이하여 산신제를 지낸다고 하는 것이다. 난 산세도 낮고 산신제 지내는 구경도 할 겸 집사람도 가자고 했다.

아내는 내가 다니는 게 궁금했던지 산도 낮다고 하니 갸우뚱거리자 순간 한 번 더 가보라고 하며 "맑은 공기도 마셔 좋고 만 원만 주면 차 타고 드라이브하고 실컷 먹고 온다니까. 그리고 거기 부부들이 같이 오는 사람들도 많아. 내가 돈 내고 신청할 테니 같이 가자"고 했다. 그랬더니 두 딸들도 "엄마 한번 가봐!" 하고 거드니 아내는 가기로 결심을 굳힌 것이었다.

그렇게 해서 등산 가는 일요일 날 준비를 해 버스가 있는 집결지로 향하였다. 버스에 탑승하고 출발하자 의례적으로 새로운 사람을 소개하는데 같이 좌석에 앉아 있던 나는 나의 집사람이라고 내가 소개하고 같이 인사를 했다. 그리고 산신제를 지내고 가볍게 산행을 하게 되었다. 나는 집사람과 함께 산을 올라가며 집사람이 힘들어 하면 자주 쉬며 올라갔다. 원래 아내는 아이를 낳은 후 무릎 관절이 좋지 않아 치료를 받으며 약을 먹던 터라 정상까지 산행은 무리라고 생각이 들었다.

그때 중간에서 산행을 포기했는지 중간중간 나물을 캐는 사람들이 눈에 띄길래 난 아내에게 말했다. "당신도 힘들면 끝까지 오르지 말고 나물이나 뜯고 있어. 나는 휭하니 정상까지 갔다 올게" 하고는 나 혼자 부지런히 정상까지 등반하고 내려왔다. 내려와서 점심을 먹고 쉬고 있는데 집사람은 나에게 말을 하는 것이 여기 참 이상한 사람들이 많다며 턱으로 가리키는 것이었다.

아내가 혼자 나물을 뜯고 있는데 한 남자가 반갑다고 하면서 이런저런 이야기를 하고는 나를 언제 만났냐고 묻더란 것이다. 오래전에 결혼하여 아이들이 둘이나 있다고 했는데도 마치 우리가 부부가 아닌 것 같이 이야기하더란 것이다. 그런 쪽에 관심을 두고 치근대는 사람이 그 사람뿐만 아니고 몇몇 사람이 그런 맥락으로 접근하였다고 한다. 난 순간 아내를 향해 "별 정신 나간 놈들 다 있네. 신경 쓸 것 없어. 간혹 그런 놈들이 있으니까"하고 있는데 옆에서 몇몇 사람들이 술판을 벌이고 나를 부르는 거였다. 나는 아내의 말을 듣고 기분이 꿀꿀한지라 그래 술이나 한잔해야겠다 싶어 술잔을 받고 들이키니 한 남자가 "정형! 여자분 언제 만났소? 참! 참하던데.."라고 말을 하는 것이었다. 난 황당하고 어이가 없어 "아까 집사람이라고 소개했잖습니까?"했더니 그 사람 말이 더 기가 막혔다. 정형 수단이 대단하다며 "누가 이런 데를 마누라와 온단 말이오?"라고 하는 것이었다. 그래서 "여기 오는 사람들 중에 부부동반해서 오시는 분들 많지 않습니까?" 했더니 깔깔거리며 그 사람들 부부가 아니라는 것이다. 그러면서 여기 산에 온 사람들 중에 혹 개인적으로 부부가 온 사람들 제외하고는 전부 부부가 아니라고 말하는 거였다.

젠장! 뭐 눈엔 뭐만 보인다고 선량한 사람 완전 병신되는 순간이었다.

세상이 이렇게 변했으니 백조가 까마귀 무리에 들어와 시커먼 물들기 일보 직전인 것이다. 그날 기분이 몹시 상해 그날부터 산악회와 인연을 끊고 등산을 안 갔다. 다만 혼자만이 땀을 흘리며 생각을 하고 싶을 때는 혼자 산을 찾아 산행을 하곤 한다.

난 그 후부터 등산복을 입고 몰려다니는 사람들을 별로 좋아하지 않는다. 특히 동네 아차산 정도의 산을 오르고자 온갖 등산복에 여러 가지 갖춘 것을 보면 난 속으로 꼴값 떨고 있다고 생각하는 것이다.

그 주변을 주말에 가면 막걸리와 술을 파는 식당과 노래방은 줄 서야 한다. 잘난 동네 산을 한 바퀴 돌고 뒤풀이를 하는 것인지 뒤풀이를 위한 동네 산을 가는 것인지는 내가 알 바는 아니지만 아무튼 나의 산에 대한 추억의 결말은 씁쓸했던 것이다.

6월, 국립현충원에서의 사연

6월은 피보다 더 진한 애국(愛國) 순국선열(殉國先烈)들의 숭고한 얼을 기리는 현충일이 있는 보훈(報勳)의 달이다.

지난날 조국의 광복을 부르짖으며 그리고 백척간두(百尺竿頭)에 선 자유 조국의 안녕을 위하여, 멀리 이역의 땅 월남에서 자유의 수호신(守護神)으로, 알려지지 않은 이 땅 곳곳에서 조국 광복을 위해, 그리고 자유와 평화를 위하여 숨져 간 애국선열들의 넋이 깃든 동작동 국립묘지, 묵묵히 흐르는 한강을 보듬고 잠든 그곳에는 바로 우리에게 오늘이 있게 한 분들의 이름 석 자가 비명(碑銘)에 적혀 있다.

몇 해 전 현충일에 군작전 중 부하를 위해 산화한 중대장님을 기리러 아내와 두 딸들과 함께 국립묘지 참배에 나섰다. 이른 시간인데도 많은 회원들과 중대장 가족들이 이미 와서 지난날의 이야기를 나누며 재회의 기쁨을 나누고 있었다.

그 시절을 그리워하며 한해 한해 보내며 들어야 하는 지나온 이야기는 새롭게 느껴지는 것만 같았다.

묘지 참배 후 애국지사 묘역을 두루 참배하다 잠시 나무 그늘에서 쉬게 되었다. 그때 곁에서 연세 많은 어르신들이 담소를 나누는 것을 듣다 일제강점기 당시 동풍신(董豊信)이라는 생소한 이름의 독립운동가의 활약과 안타까운 사연을 들을 수 있었다.

고향이 함경도라는 연세가 지긋하신 어르신은 한국전쟁 때 남하한 분으로 당시 고향에서의 일들을 회고하는 것이었다.

그 이야기를 듣는 순간 타임머신을 타고 3.1운동 하는 당시로 뒤돌아 간 것 같은 공상에 빠져 한동안 경직된 채 안타까움에 슬퍼해야 했다.

나라를 잃었던 시절을 이야기하면 우리는 독립을 위해 투쟁하던 많은 독립군들의 명성과 3.1운동 때의 유관순 열사를 대표적으로 떠올린다.

또 어렸을 때부터 그들의 대한 내용들은 줄곧 들어왔고 책으로, 영상으로, 노래로 등으로 전파되어 이미 인지되어 있다.

그러나 그들과 버금가지만 잘 알려지지 않은 많은 독립 운동가들이 지역 곳곳에 묻혀 있었다는 것을 그때서야 알았고 그때부터 관심을 갇고 보훈처의 기록을 열람해 보았다.

"남에는 유관순이 있고, 북에는 동풍신이 있다"라는 동풍신은 유관순 열사보다 2살이 적은 나이다. 함경북도 명천(明川)에서 1904년에 태어난 동풍신(董豊信)은 1919년 3월 15일 하가면 화대동 일대에서 전개된 독립만세운동에 15세의 나이로 참여하였다.

이곳에서는 3월 14일 함경북도에서 전개된 만세 시위 중 최대 인파인 5천여 명의 시위군중이 화대 헌병분견소에서 시위를 벌이다가, 일본 헌병의 무차별 사격으로 5명이 현장에서 순국(殉國)한 곳이다.

이러한 만행 사실을 들은 주민들은 분노에 치를 떨었는데 이때 박승룡(朴承龍), 김성련(金成鍊), 허영준(許英俊), 김하용(金夏鏞) 등이 주동이 되어, 다시 대규모 만세시위를 전개하기로 결의(決意)하였다.

이에 3월 15일 다시 5천여 명의 시위군중이 화대 장터에 모였는데, 이때 오랜 병상에 누어있던 동풍신의 아버지 동민수(董敏秀)는 전날의 시위 때 일제의 흉탄에 동포가 죽었다는 소식을 듣고, 죽음을 각오하고 새 옷으로 갈아입은 후 병상을 떨치고 일어나 이에 참여하였다.

그러나 동풍신의 아버지는 면사무소와 헌병분견소에서 만세시위를 벌이던 중 길주(吉州) 헌병대에서 지원 나온 제27연대 소속 기마헌병과 경찰의 무차별 사격으로 인해 현장에서 시위 도중 적탄을 맞아 피살(被殺)되었다.

이 소식을 들은 동풍신은 현장으로 달려와 아버지의 시체를 부둥켜안고 통곡하며 오열하였다.

그러나 그녀가 슬픔을 딛고 결연히 일어나 아버지의 빈자리를 채우기라도하듯 시위대 앞에서 힘차게 독립 만세를 외치자 헌병의 발포로 골목에 몸을 숨기고 있던 시위군중은 크게 감동하여 동풍신과 함께 다시 시위에 참가하였으며 면사무소로 달려가 사무실과 면장 집과 회계원 집을 불태워 버렸다.

그러나 동풍신은 결국 일본 헌병에 의해 체포되었으며, 함흥형무소에 수감되었다가 서대문 형무소로 이감되었다.

그 후 악랄한 일본군의 고문은 끝이 없이 계속되었다. 어떤 수단에도 굴하지 않고 그녀의 기개를 꺾지 못하자 경찰은 화대동 출신의 화류계 여성을 동풍신과 같은 감방에 수감하여 동풍신의 어머니가 죽었다고 거짓말을 하도록 시켰다.

이 말을 들은 동풍신은 몇 번을 기절하고 식음을 전폐하다가, 1921년에 끝내 17세의 꽃다운 나이로 옥중에서 순국하였다.

훗날 사람들은 남에는 유관순이요 북에는 동풍신이라 칭송하며 그녀의 애국정신을 찬양하였다. 뒤늦게나마 이를 알게 된 정부에서는 故 동풍신의 공훈(功勳)을 기리고 1983년 대통령표창을, 1991년에 건국훈장 애국장을 추서하며 애도하였다.

정말 찡할 정도로 가슴이 저린 사연이다. 해서 나는 해마다 6월이면 대표적으로 동풍신 열사가 떠오르며, 지금 세대의 청소년들에게 들려줘 인생 교훈으로 권장해주고 싶을 뿐이다.

우리는 한때 나라를 빼앗긴 뼈저리게 아픈 역사가 있고 또 공산당의 침략으로 동족상잔(同族相殘)의 아픔을 겪으며 휴전으로 인한 분단된 조국에서 살고 있다.

이제 우리는 더 이상 나라를 외부(外部)의 침략으로 빼앗기는 비극을 맞이해선 아니 될 것이다. 그러므로 지금은 무엇보다 국민 모두 다 철저한 안보관을 갖고 만만히 유비무환(有備無患)을 해야 할 것이다.

안중근 의사 순국 100주년을 기념하며

2010년 3월 26일은 안중근 의사께서 하얼빈에서 민족의 원흉인 이토히로부미를 저격하고 뤼순 감옥에서 순국하신 지 100주년이 되는 날이다.

전년도 여름에 난 중국에서 우리 민족의 얼과 정신을 고취하고자 고려박물관을 개관하여 민족 전개사업을 하는 황희면 관장의 초청을 받았다.

대련에 독립유공자 후손들이 여러분 계시는데 다가오는 안중근 의사 순국 100주년을 기념하기 위해 국제 안중근 기념협회 중국지회와 유공자 후손들이 기념 책자를 발간한다는 것이다. 그리고 뤼순 감옥 소장이 안중근 의사께서 옥중에 계실 때 전임 간수가 안중근 의사의 생활기록을 지금의 소장이 전수하여 글을 썼다고 한다. 그것을 이번 책에 싣고 또 뤼순 감옥을 사진 촬영하여 책에 싣는다는 것이고 이 일을 맡을 사람이 내가 적합하다고 생각되어 추천했다고 한다.

그래서 나는 3박 4일 계획으로 대련으로 향하였다. 공항에 도착하자 황 관장이 마중 나와 있었다. 숙소로 이동하여 짐을 내리고 대련 시내를 구경하였다.

다음날인 일요일에 황 관장의 안내로 뤼순 감옥을 갔다. 먼저 정문 근처 식당을 가니 두 분이 날 기다리고 있다. 한 분은 뤼순 감옥 소장인 반무충 씨이고 또 한 분은 유동하 의사의 조카인 김파 시인이다. 난 황 관장께 그분들을 소개받으며 인사를 나눴다. 그리고 식사를 하였는데 우리나라 중국집의 코스 요리처럼 그렇게 나왔는데 푸짐한 것이다. 대낮부터 중국 고량주를 먹어야 했다. 그리고 다 함께 뤼순 감옥으로 들어갔다.

그때 놀라웠던 것은 원래 뤼순 감옥은 일요일은 휴일인데 나를 위하여 직원들이 출근했다는 거였다. 크나큰 영광이었다. 내가 들어가는 곳마다 안내를 해주는 것이었고 사진 촬영을 하게끔 직원들은 조명 불을 켜주며 최선을 다하는 것이다.

하나하나를 둘러보니 말로만 듣고 배워 왔던 지난 역사의 잔재들로 순국선열들의 애국 투쟁에 새로움을 발견하며 가슴이 뭉클해짐을 느껴야 했다. 그리고 지금의 현실에 비교하며 나 자신을 반성하는 계기가 되었다.

이곳에서 안중근 의사 외 독립운동가가 수감됐던 독방, 간수들의 방, 수인교육장, 사형 집행장을 둘러봤고 교수형을 집행하던 장소는 당시의 잔인한 모습을 그대로 전하고 있다. 집행장 밑에는 사형수들이 대기하는 방이 있었는데 형 집행을 기다려야 했던 사람들의 비통한 마음이 느껴졌다.

교수형을 집행당한 시체는 바닥에 뚫어 놓은 구멍을 통해 곧바로 아주 작은 통에 쑤셔 박혀졌고 그다음 공동묘지에 갔다 묻힌 것이다. 한마디로 기가 막혔다. 다른 것도 다 그렇지만 사형 집행당하는 사형수들이 대기하는 방이 있다는 게 인간으로서 할 수 있는가! 당시 일본군의 만행들이 역력히 드러나는 기록을 담은 현장이었다.

그렇게 뤼순 감옥을 방문하고 반무충 씨와 김파 선생님, 국제안중근기념협회 중국지회 부회장인 리호원, 황희면 관장과 나는 다같이 모여 안중근의사 순국 100주년 기념 책자 발행에 대하여 기획과 전반 과정을 논의하고 책자 발행 이후 각국에 홍보 및 배포 등도 같이 의논했다. 한국에는 내가 한국 지회장이 되어 기념 책자의 주필이 되어 기획을 총괄하고 발행하도록 의견이 일치된 것이다. 그리고 반무충의 원고와 안중근 의사의 모든 자료들을 받아야 했다.

이렇게 방문 목적의 일들을 마치고 다음날은 대련항과 주변을 관광하게 되었다. 저녁에는 북한 사람들이 운영하는 평양관에 예약이 되어 북한 음식으로 저녁을 먹을 수 있었고 이어 북한 여성들의 기타와 아코디언 연주와 음악을 들을 수 있었다. 북한 여성들은 동포애로 반갑게 맞이하여 흥을 북돋아 주었고 나도 그들과 어우러져 노래하며 덩실거렸다.

이국 땅에서 그들과 만나 우리의 것들을 맛보고 노래를 부르고 하니 감개가 무량한 것이다. 난 지배인에게 허락을 받아 밖에 나가 과일을 보이는 대로 사서 보냈는데 다섯 상자나 된다. 우리 돈으로 2만 원 밖에 하지 않았다. 그렇게 짧은 시간이었지만 즐거움을 같이 하고 아쉬운 석별을 해야 했다.

그리고 귀국하여 본격적으로 책자 작업에 돌입하기 시작했다. 뤼순 감옥에서 수많은 독립 운동가들의 희생이 떠올라, 그들과도 함께 할 수가 없을까 고민하다 책 부록으로 독립유공자 인명사전을 첨부하기로 결심하고 국가보훈처 2만여 명이 되는 독립유공자 인명부와 공훈(功勳)기록을 열람하여 요약하기 시작하였다.

그리고 심사숙고하여 정리하다보니 장장 7개월이 넘어서야 끝낼 수 있었다. 화보와 안중근 의사 일대기, 안중근 의사 유언록과 자서전, 유묵, 그리고 반무충의 글과 김파 시인의 서사시, 광복 유공자 인명사전을 넣으니 600페이지의 대작이 된 것이다.

그리고 안중근 의사 유해발굴을 위해 앞장서시는 저명하신 3선 국회의원이신 김영광 의원님을 찾아가 취지를 말씀드리자 추천서를 써주시어 삽입하였다. '백 년의 얼 충혼 안중근'이라는 제목을 붙여 완성된 것이다. 안중근 의사 추모 100주년이 임박하여 책으로 나오자 의외로 반응이 좋았다.

MBC와 SBS의 화제의 신간으로 소개되었고 KBS방송국에서 출연 제의가 있었다. '진인사대천명(盡人事待天命)'이라고 모든 게 노력의 대가라 흡족하여 만족하게 된 것이다.

3월 26일 안중근 의사 순국 100주년 기념식은 국무총리 주관으로 서울 시청 앞 광장에서 엄숙하고도 웅장하게 치러졌다. 김황식 국무총리 기념사와 추모곡 연주를 비롯하여 진혼무(鎭魂舞)를 연출하여 온 국민이 함께하여 성공적으로 치러졌다.

난 다음날 방송 출연이 있어 준비를 위해 일찍 집에 와 있었다. 그런데 밤 10시경 뉴스특보가 나오는 것이다. 그것은 해군 장병 46명의 생명을 앗아간 천안함 사건이 일어난 것이었다.

청천벽력 같은 사건이 발생하자 너무 놀라, 온 국민은 경악하여 모두 TV에 시선을 집중하게 되었다. 나도 북한의 소행에 국민의 한 사람으로 격분하며 치를 떨었다. 그러나 한편으론 황당하고 기가 막히는 것이다.

천안함 사건으로 방송 출연은 취소되었고 안중근 의사 추모 100주년의 열기는 순식간에 사그라진 거였다.

참으로 26일은 역대 연대의 희귀한 사건이 있는 날이다. 백 년 전 10월 26일은 안중근 의사께서 원흉 이토히로부미를 저격한 날이다. 또 1979년 10월 26일은 김재규가 박정희 대통령을 총살하여 서거(逝去)한 날이기도 하다. 그리고 백 년 전 3월 26일은 안중근 의사께서 뤼순 감옥에서 일본인에 의해 교수형으로 순국하신 날이고 또 이날은 북한소행으로 천안함이 침몰해 해군 장병 46명이 희생당한 날인 것이다.

이렇듯 26일은 묘한 운명을 맞이하는 기가 막힌 날인 것이다. 이렇게 나는 무엇인가를 기획하여 빛을 보려 할 때면 어처구니 없게도 황당한 일들이 생겨 씁쓸함을 맛보아야 했던 일들이 여러

번 있었다.

그때가 2006년이다. 3성 장군으로 예편해 우리민족사연구회에서 회장을 맡고 계신 여운건 장군님께서 그동안 연구하고 집필하신 것을 책으로 만들려고 나를 찾은 것이다. 난 회장님의 뜻을 수렴(收斂)하고 원고를 보게 되었다. 마침 그때는 중국이 자기들 영토 안에 우리의 모든 역사를 중국 역사로 만들려는 동북공정이 이슈가 되자 온 국민이 분노의 물결로 요동치게 되었다.

연일 방송에는 중국의 행위들을 비판하는 내용들이었다. 난 여 회장님께 책을 동북공정에 초점을 두고 맞추는 것이 좋겠다고 말씀을 드렸다. 여 회장님도 나의 뜻에 흔쾌히 찬성하시어 그렇게 하는 게 좋겠다고 하며 그에 대한 사진 자료를 찾아 화보로 넣고 그 제목을 '동북공정 알아야 대응한다'로 출간하게 된 것이다. 민감한 시기에 이 책은 모두의 관심사가 되었고 이에 서평도 이어졌다.

그리고 며칠 뒤 개천절이 되자 그날 장충체육관에서 한명숙 국무총리 주관으로 개천절 경축 행사가 진행되었다. 총리의 기념사에서 개천절 경축에 대한 축하 말과 중국의 동북공정에 대한 규탄의 메시지를 국민들께 전달하며 온 국민의 단합된 결속을 강조하는 것이었다.

그렇듯 온 사회는 중국의 부정한 행위를 비판하며 그렇게 분위기는 한층 더 고조되어 가는 것이었다.

그런데 며칠 뒤 온 국민들이 놀라고 경악스러운 황당한 일이 일어난 것이다. 그것은 북한에서 핵실험을 자행하여 우리나라 전 지역에서 흔들림이 심한 지진파가 감지되었다. 당시의 그것이 북한의 제1차 핵실험인 것이다.

또다시 온 나라는 새로운 핵실험 사건에 시선이 집중하게 되었고 중국의 동북공정에 대한 관심은 스르르 사라지고 말았다. 이렇듯 어떠한 일이 생겨 관심을 쏟으며 몰두하다가도 새롭고 더 큰 사건이 생기게 되면 사람들은 다시 그쪽으로 시선이 돌아가는 것이다.

또 한번은 그때가 1994년으로 기억된다. 그해는 북한의 김일성과 우리나라와의 새로운 관계개선으로 화합의 물고가 생기는 찰나였다. 김일성이 남한을 방문하여 남북정상회담을 하게 된 것이다.

이 역사스런 상황에 온 국민은 최대 관심사였고 방송 모두는 긍정적인 반응으로 일관하였다. 잘하면 남북한과 교류하여 왕래를 할 수 있다는 기대감과 그러다 보면 머지않아 통일도 할 수 있겠다는 기대감에 부풀었다. 그 시즌에 나는 시대의 흐름에 부응하여 가상통일 유머집을 기획하게 되었다. 그래서 직원들과 부지런히 가능성에 가까운 상상의 원고를 마련토록 하고 그에 대한 삽화를 그리게 하였다. 시간이 급하여 주야로 죽도록 일만 한 것이다. 제목도 남북한 상징성을 생각해 '백두산에서 방귀뀌면 한라산에서 냄새난다.'라고 하여 책을 출간한 것이다. 시기에 맞게 이러한 책이 나왔으니 호응이 좋았다.

신문사의 신간 소개도 나왔고 모두의 관심사가 된 것이다. 그러다 보니 방송국 아침마당 출연 제의가 있었다. 이 소식을 들은 직원들은 환호하며 좋아 어쩔 줄 몰라 했다. 각자 출현할 의상과 머리에 신경쓰며 나름대로 고민을 했던 것이다.

며칠 뒤면 TV에 나간다고 좋아했거늘 출현 이틀 전에 수포로 돌아가는 일이 생긴 것이다. 그것은 7월 10일 방한한다는 김일성이 심장마비로 사망했다는 특보기사가 나온 거였다.

그러니 남북 정상회담도 물거품이 되었고 그로 인해 준비했던 사회 모든 것들이 결렬되고 만 것이다.

살다 보니 이렇듯 황당하고 기막히고 어이없는 일들이 예고 없이 속출하는 것이다. 하기야 속고 사는 것이 인생사라 하지만 그때마다 맥이 빠지는 것이다. 그러면서도 일을 찾아 고군분투(孤軍奮鬪)하는 것은 나의 팔자이고 이를 신의 장난으로 뒤집듯 조화(造化)를 부리는 것은 운명인 것이다.

홍복사의 개 짖는 사연

법사님 하면 오랜 불가의 수련으로 심신이 도통(道通)하여 구름을 불러 타고 다니지는 못해도 싸리비는 타고 다니는 경지(境地)에 도달한 사람인 줄 알았다. 그런데 이 법사는 그런 것은 머지않아 때가 되면 할 수 있을 것이라 말하면서 지금은 축지법의 연마(硏磨)를 끝냈다고 하는 것이다. 축지법이라 하여 하천을 물에 닿지 않고 걷는 수준이 아니고 절 주변의 많은 오르내리막 길에 숙달(熟達)된 수준인 것이다. 아무튼 암자(庵

子)에 기거하는 좀 유별난 법사님을 알게 되었다.

평소 역사에 관심이 많은지 한배달 행사와 우리 법인의 행사에 꾸준히 참석하여 친하게 되었다. 충남 공주군에서 마곡사 쪽으로 가다 보면 왼쪽 마을 끝에 '홍복사'라는 절이 있다. 이 절의 역사는 꽤 오래되었다 한다. 마을 옆으로 큰 하천이 흐르고 옆에는 계곡이 자리 잡고 있어 경관(景觀)이 그럴듯하게 좋은 것이다.

절의 모양은 그런대로 갖출 거는 다 갖추었는데 절을 찾는 신도(信徒)가 세 명밖에 없다는 것이다. 아니 내가 갔으니 잠시 네 명이 된 셈이다. 몇 해 전 내가 이 절을 가게 된 적이 있었다.

몇 년 전 내가 오랫동안 원고를 잡고 과로한 탓에 병원 신세를 지게 되었다. 그때 심장이 많이 나빠졌다는 말을 들은 것이다. 이 말을 전해 들은 홍복사 법사님은 그것은 약초들을 술에 담가서 100일 지나 먹으면 금방 나아지는 것이니 신경 쓸 게 없다고 하였다. 그리고는 법사님은 나를 위해 정성을 다하여 귀한 약초를 구해 술을 담가 놓으신 것이다.

그리고 100일이 되자 법사님은 내려와 일주일간 약을 먹으며 좋은 공기를 쐬라는 것이었다. 난 이 기회에 자연과 벗 삼고 푹 쉬고 오자고 생각하며 홍복사로 갔던 것이다.

홍복사는 법사님 혼자 기거하고 있으며 모양은 오래된 암자인 것만은 틀림없다. 첫날을 지내다 보니 내가 생각해 왔던 절 풍경이 아니라 그런지 어색하기만 했다. 때가 되면 우렁차게 나야 하는 종소리도 없고 불경 소리도 나질 않는 것이다. 간혹 법사님 기분내키는대로 징소리 울리며 불경 소리가 간혹 들리는 것뿐이다. 웅장하게 울려 퍼지는 종은 없고, 오래전 시골 학교에 수업 종을 알리는 포탄 껍데기를 매달아 나무망치로 치면 '땡땡땡' 소리가 나듯 조그만 종이 매달려 있어 간혹 불경을 외기 전에 그 종소리가 나는 거였다. 법사님은 곡차는 천성대로 절대 못 마신다고 하신다. 하지만 담배는 아주 잘 피워 둘이 앉아 있을 때는 보이차와 커피를 마시며 법사님의 설교를 들어야 했다. 난 그래도 법사님이 담배라도 피우는 것에 다행이다 싶어 좋았고 애당초 약은 약초에 술을 부어 오랫동안 숙성시켜 놓은 것이라 곡차를 먹는 기분이라 그나마 다행이라 좋았던 것이다. 요즘은 어디를 가나 금연을 해야 하고 더구나 절에서 금주를 하기 때문에 나온 나의 발상의 핑계인 거였다.

그렇게 산사에서의 생활은 시작되었다. 아침 일찍 일어나 산 정상까지 올라갔다가 내려오고 법당에 들어가 부처님께 아침 인사를 고하고 주변 청소를 하곤 했다. 또 법당의 부처님 앞에서 백팔번뇌를 조아리며 108번의 절을 올리며 나와 가정과 주변의 모든 사람들의 만사형통으로 소원성취가 되길 빌고 빌며 무릎이 저리도록 해보기도 했다.

그렇게 지내다 저녁이 되면 무료해지는 거였다. 텔레비전도 없고 라디오는커녕 인터넷도 되질 않으니 답답하고 외로움을 갖게 되는 것이다. 법사님은 그런데도 이런 생활 속에서 원고지를 사다가 집필하여 서너 권의 책을 내셨다고 하니 대단한 분이란 생각이 들었다. 컴컴해지면 시간과 관계없이 잠을 청해야 하니 이것이야말로 곤욕스러운 거였다. 그 시간 도시에서는 한참 활기차게 활동할 때이건만 산사는 조용하고 적막하다. 간혹 처마 밑 조그만 종 아래 매달린 붕어추가 바람에 흔들려 딸랑딸랑 소리가 나올 뿐이다. 이틀을 그렇게 지내다 쓴 약초 술을 먹다 보니 입안이 텁텁해지며 갑자기 삼겹살이 당기는 것이었다. 마침 그 날이 공주 장날이라고 한다. 그래서 나는 차를 몰고 장 구경에 나서야 했다.

소박한 시골 사람들이 모여 흥정을 하며 물건을 사고파는 것을 볼 때면 정답게 여겨진다. 그 길로 먹고 싶어 했던 삼겹살과 양념을 장만하고 곁들여 술까지 샀다. 그리고 시장 구경을 하고 다니는데 어떤 노인이 강아지를 팔고 있는 것이 눈에 보였다. 난 다가가 강아지를 보고 있는데 그때 귀여운 강아지가 눈에 띄어 잡아서 쓰다듬어주니 강아지가 나를 따르는 것 같았다. 나는 얼마냐고 노인께 물었다. 만 오천 원이라는 것이다. 난 돈을 주고 강아지를 상자에 담아 넣고는 홍복사로 돌아가야 했다. 그러다 문득 석연치 않은 생각이 들었다.

언젠가 법사님께 왜 산사에 개라도 기르지 않느냐고 말 한 적이 있는데 법사님은 개를 싫어해서 안 기른다고 하는 것이다. 그런데 내가 개를 사서 가져가고 있으니 그저 암담하기만 했다. 에이! 어떻게 되겠지! 기왕 샀는데 설마 내팽개치기라도 하시겠나 하고 들어간 것이다. 마침 그때 법사님은 외출을 하셨는지 안 계셨다.

난 잘 되었다 싶어 잽싸게 고기와 술을 절 아래 개울에 내려놓고 강아지는 묶어 놓고는 불을 피울 나뭇가지를 주우러 다녔다. 고기 구워 먹을 준비를 만만히 끝마치고 불을 지피려 할 때 갑자기 후환이 두려운 것이었다.

그래서 나는 법당으로 들어가 부처님께 큰절로 삼배를 올리며, "대자대비하시고 자비스러운 부처님 제가 속세를 떠나온 지 얼마 안 되어서 오늘 삼겹살을 먹겠사오니 냄새가 나더라도 부처님의 넓으신 도량으로 용서해 주십시오."

이렇게 하고 나니 안 한 것보다는 훨씬 마음이 편안하기만 한 거였다. 그리고 내려와 불을 지펴 고기를 구운 것이다. 술 한잔에 고기를 구워먹는 그 맛은 가히 일품이라 할 만했다. 그것도 절 밑에서 숨어 먹는 그 맛은 한량(閑良) 아니고는 감히 상상조차 못 할 것이다. 신선 놀음에 도끼 자루 썩는 줄 모른다고 내가 바로 신선이 되어 무아지경(無我之境)에 빠진 것이었다.

얼마 후 외출했던 법사님이 이 광경을 보고는 황당하고 기가 막힌지 충청도 특유의 사투리로 '잘 했시유~' 하면서 같이 앉아 '법사도 고기 먹어유~' 하고는 같이 이런 저런 얘기를 하며 시간을 가졌던 것이다. 하지만 강아지를 보고는 시종일관 개는 싫다고 일관하는 것이다. 그래서 나는 집에 갈 때 데리고 가겠다고 큰소리치고는 다음날부터는 덜 심심하게 지냈던 것이었다.

강아지와 같이 지내는 시간이 많아졌고 강아지도 나를 따르며 좋아한다. 나는 강아지가 암놈이라 이름을 보희라 지었다. 적막했던 산사에는 보희야를 부르는 소리가 간간히 들리니 그래도 사람 사는 느낌이 한층 더 드는 것이다.

그렇게 일주일간의 산사에서 갖은 우여곡절을 남기고 집으로 돌아왔다. 보희를 데리고 가라는 법사님 말에 난 "얼마 후면 안보교육장으로 데리고 갈 것이니 그때까지만 법사님이 잘 보살펴 주시지요."하고는 그대로 온 것이다. 집에 온 나는 보희가 잘 있나 궁금하면 법사님께 전화를 자주 했다. 그때면 보희가 지아비를 찾는다는 것이고 빨리 데려가라고 하는 거였다.

난 "보희를 시주할 테니 그걸로 에밀레종 같은 종이나 장만하시죠."하며 느물거렸다. 사실 충청도에 가서 개를 가져온다는 게 말같이 쉽게 되는 것이 아니다. 난 가져가겠다고 말하며 시간을 끌었는데 오히려 법사님이 개를 기르는 게 쏠쏠한 재미가 있었던지 어느 날 보희를 시집보내고 진돗개를 한 쌍 구해 놓았다고 사진을 찍어 보내는 것이었다.

그러면서 개들이 영리하다고 자랑을 늘어놓으며 외출하고 돌아오면 반기는 것이 개들이라고 흡족해 하는 거였다. 한때는 개가 싫다고 가져가라고 난리를 치더니 지금은 강아지가 홍복사를 지키는 주지 개가 된 것이다.

두 마리 진돗개는 풀어져 온 산을 헤집고 다니며 때가 되면 짖어대고 법사님이 돌아오길 학수고대하고 있다.

이렇게 한때 요양 갔다가 개 싫어하는 법사님한테 개를 좋아하게 했던 사연이다. 그야말로 내가 개를 법사님 품으로 안기게 한 개법사인 셈이다. 그나저나 법사님은 그 일로 삐쳐 있는지 전과 같이 전화도 잘 안 하시고 놀러 오란 말도 없으신 것이다. 언젠가 내려가 풀어드리고 안 되면 겨드랑이라도 간지럽게 하여 웃겨놓고 올 심산이다.

도봉산 정상에 울리는 메아리

지난 어느 해의 설날에 있었던 이야기다. 그 해는 설 이틀 전부터 많은 눈이 내리자 시야에 보이는 모든 것들은 온통 하얀 눈으로 뒤덮여 있었다.

그날 아침에 간단하게 차례를 지내고 나자 지방으로 성묘를 간다는 것은 엄두가 나질 않았다. 그래서 신년에 혼자만의 시간을 갖고 지난 일을 정리하고 신년 계획이나 세우자는 결심으로 도봉산이나 등반을 하자고 마음을 먹은 것이다.

간단한 차림으로 지하철 7호선을 타고 도봉산역에서 하차하였다. 도봉산 쪽을 향하여 올라가니 나 같은 심정으로 모두 다 등반하려는지 설날인데도 많은 인파로 북적거렸다. 그들 사이에 섞여 한참을 올라가다 난 오른쪽 샛길 코스로 방향을 틀었다.

기왕 작심하고 조용히 혼자 생각하며 산행하고 싶었고 많은 사람들 속에 섞여서 올라가는 게 싫었다. 오른쪽 코스는 언젠가 도봉산을 등반하여 정상까지 올랐다가 하산할 때 내려왔던 길이다. 이 코스는 경사가 심하고 비탈길이 험난하여 사람들이 잘 다니지 않는 산행길이다. 한참을 올라가니 눈이 쌓여 길의 형체를 분간하기 어려웠다. 더군다나 북쪽 방향이다 보니 응달로 눈이 녹지 않았으며 산세에 가려 어두침침하다. 그래도 사람이 없고 조용하니 혼자 많은 생각을 하며 천천히 올라가다 보니 등줄기를 땀으로 적셔야 했다. 간간히 하산하는 사람을 만나면 인사를 나누면서 그렇게 산중턱을 지나고 정상을 향하여 올라가는데 별안간 좌측에서 현돈아! 하며 누군가를 부르는 여인의 목메인 음성이 들리는 것이었다. 순간 난 별생각 없이 같이 등산 온 일행을 찾나 보다라고 생각하고 스쳐 보냈다.

그리고 한 5분 정도 올라가니 이번엔 오른쪽 방향에서 성일아! 하며 울먹거리며 누군가를 간절하게 부르는 여인의 음성이 들리는 것이었다.

난 오늘따라 산에 올라와 멍청하게 일행을 잃은 사람이 많구나 하고 생각하며 마냥 올라가는데 정상에 다다르자 별안간 영일아! 하며 여인이 대성통곡(大聲痛哭)을 하며 누군가를 애절(哀切)하게 부르는 음성이 들리는 것이었다. 순간 난 귀신에 홀리는 것 같아 움찔하며 정신을 가다듬고 소리 나는 쪽에 신경을 곤두세웠다.

상황을 접하다 보니 꼭 '전설따라 삼천리'에 나오는 주인공의 장면과 너무나 흡사한 것이다. 그 곳의 주인공처럼 난 의구심에 끌려 소리 나는 쪽으로 발길을 돌려 다가갔다. 푹 파진 계곡 사이엔 중년의 한 아주머니가 허공을 바라보며 애절하게 누군가를 부르는 것이었다.

내가 다가가니 인기척에 아주머니는 눈가를 만지며 내가 있는 쪽을 보다 나와 눈이 마주쳤다. 난 아주머니가 민망할까 봐 먼저 말을 건넸다.

"아주머니! 이곳에서 사람을 잃었나요? 우시면서 사람을 찾는 것 같아 혹 도울 일이 없나 해서 왔습니다."하고 말했다. 아주머니는 "죽은 아들이 너무 그립고 보고파서 이곳에서 실컷 아들을 불러보고 싶어 그랬습니다."라는 것이었다.

순간 난 첫 번째 의문이 풀려 마음을 놓으며,

"그럼 올라오다 보니 두 사람의 아주머니들도 누군가를 부르던 데 그분들도 아주머니와 같이 죽은 아들들을 부르는 것인가요?" 하고 물으니 아주머니는 그렇다고 하며 사연을 말하는 것이었다.

지난해 아들이 군에 갔는데 군에서 생활하다 의문스러운 죽음을 맞이했다는 것이다. 밑에 두 아주머니도 아들들이 군에서 의문의 죽음을 맞은 사람들로 인터넷 군 의문사 동우회에서 만난 사람들이라는 것이었다.

그들은 동병상련(同病相憐)의 같은 처지로 아픔을 같이 나누고자 사주 모여 위로하고 그러는 사이인데 날을 잡아 죽은 자식을 실컷 불러보자고 해서 온 것이고 그래서 각자 부르고 있던 것이라고 한다.

사연을 들으니 자식을 이유 없이 보내고 안타까워하는 어미의 마음을 헤아릴 수 있었고 순간 나는 슬픔이 밀려오고 가슴이 메이도록 마음이 아파 눈물을 적셔야 했다.

나는 날이 어두워지니 하산하자고 하며 서둘러 앞장서 내려오게 되었다. 내려오는 길에 한 사람씩 만나 세 명의 아주머니들을 앞에서 인도하며 하산하는 것이다. 높은 곳에서 어느 정도 내려왔을 때 잠시 쉬게 되었다.

그때 의문스럽게 죽은 아들의 사연을 듣게 되었다. 한 아주머니 아들은 전방에서 근무 중에 총기 사고로 죽었는데 조사 결과가 자살로 나왔다는 것이다. 철책에서 근무 중에 자신의 총으로 턱밑을 쏘고 자살했다는 것이다. 그의 어머니는 절대 그럴 리 없다며 사고 나기 이틀 전에 아들과 전화 통화를 했었는데 다음 주에 휴가 나온다고 좋아했다는 것이다. 며칠 뒤면 휴가를 나오는데 왜 자살을 하느냐고 흐느끼며 절규하는 것이었다.

또 다른 아주머니의 아들은 동해 해안가에서 근무를 하였는데 어느 날 밤 근무를 서기 위해 해안가에 나갔는데 새벽에 철조망 밖에 바닷가에서 주검으로 발견되었다는 것이다. 또 다른 아주머니는 아들이 내무반에서 잠을 자다 이유 없이 갑자기 죽었다는 것이었다. 이들은 각가지의 아들들 죽음에 의문을 갖고 풀고자 하는 것이다. 그러나 아무리 아들을 불러 보아도 진실은 알 수 없는 노릇이다. 오직 진실을 알 수 있는 것은 이미 고인이 된 아들들만이 알기 때문이다. 하소연의 사연들을 듣다 보니 전방에서 턱을 쏴 자살했다는 이야기를 듣다 문득 생각나는 게 있어 물었다.

"아주머니 혹시 아드님이 인제에서 근무하지 않았나요? 그게 5~6개월도 더 된 거로 아는데요. 혹시 작은 아빠가 종로에서 사업을 하는 장 사장인가 하는 분 아니세요?"하고 물으니 그 아주머니는 놀라며 맞다고 어떻게 아느냐고 반문을 하시는 거였다. 나는 어이없고 기가 막혀 주춤거리다 말을 했다.

"그 장 사장 밑에서 일하는 노기관 부장이 내가 아끼는 후배입니다. 그때 그 친구가 장 사장님 큰집 아들이 군에서 사고를 당하자 부대의 조사를 믿을 수 없다고 재조사하는 방법을 알아봐 달라고 해서 내가 국방부 감찰로 재조사 절차를 밟게 해준 거 같은데요."하고 말하니 그 아주머니는 반가워하며,

"네 맞습니다. 그때 애 작은아버지하고 노부장님께 선생님 말씀 많이 들었습니다. 그리지 않아도 선생님 꼭 뵙고 싶었습니다."라고 하는 것이다.

오래전이다. 후배 노기관이 어느 날 전화를 해서 자기 사장의 형이 사고로 죽자 미망인인 형수와 아이를 돌봐주며 사는데 조카가 군에서 사고로 죽자 형수가 곤경에 처해 있어 좀 도와주게 알아봐 달라고 사정을 한다는 거였다. 그래서 나도 여기저기 알아보고 연결한 것이다.

그런 적이 이미 오래전 일인데 혼자 등산와서까지 연결되다니 기가 막힐 뿐이다. 난 그 자리에서 노기관에게 핸드폰으로 전화를 걸어 우연히 도봉산에서 이 분을 만났다고 하며 전화를 바꿔줬다. 그리고 둘이 무슨 말을 하더니 도봉산으로 온다고 밑에서

만나자는 것이었다.

그렇게 해서 자리에서 일어나 내려가는 걸음을 서둘렀다. 참내 사람들을 피해 혼자 조용히 사색(思索)에 젖으려고 산에 올랐건만 오히려 혹을 붙여 세 명의 여자를 끌고 내려오는 팔자라니 연초부터 무슨 조화(造化)인지 모르겠다.

밑에서 노기관을 만나자 그는 새해 초에 만나 시무식 겸 아주머니들 위로한다고 막걸리까지 마시니 연초부터 계획이 옆으로 새는 것만 같았다.

술에 취해 얽힌 사연들

남자들의 생활 속에 빠지지 않고 등장하는 것이 바로 담배와 술이다. 담배를 개인화기로 비유한다면 술은 공용화기인 셈이다. 사람들이 둘 이상 모인다면 술자리로 이어지고 그 밖에 각종 행사 뒤에는 반드시 술자리가 연결된다.

사람이 태어나 돌잔치로 시작하여 결혼식과 환갑잔치를 비롯하여 장례식장까지 술은 따라 다닌다. 그 밖에 활동 범위 내의 수없이 많은 각종 행사들에도 마찬가지로 술은 따라다닌다.

이러므로 해서 그동안 내가 마신 술의 양을 한군데 모아 본다면 옥탑에 있는 물탱크 하나에 가득 차는 정도는 될거다. 이렇게 개개인 마시는 술 소비량은 엄청날 것이다. 요즘 사회는 여성들도 음주 문화에 많은 참여를 하니 우리나라가 세계 상위권에 드는 것은 당연한 일이다.

내가 처음 술을 접하게 된 것은 20대 초반 군에 가서부터이다. 술을 배운다고들 하는데 배울 게 하나도 없다. 그저 자기 입에 얼마간의 술을 집어 놓고 별 탈 없이 견디느냐로 양만 조절할 뿐이다. 다만 술을 배운다는 것은 술 먹는 방법과 거기에 대한 예절을 배우는 것이다.

군에 신참으로 생활할 때 일이다. 어느 날 훈련을 무사히 마치고 막걸리가 나와 소대별로 회식을 하게 되었다. 내무반 침상 양쪽으로 소대 인원들이 열을 맞추어 앉아 있고 그 앞으로 밥을 먹는 식기를 한사람 앞에 하나씩 놓아두는 것이었다.

그리고 그 식기 위에 막걸리를 가득 붓고는 이윽고 소대장이 건배 제의를 하자 병사들은 전부 술이 들어있는 식판을 들어 올리고 구호를 외친 뒤 입에 대고 단숨에 마시는 것이다.

난 처음 겪는 일이고 술을 그렇게 먹은 일이 없어 조금만 마시고 다시 내려놓았다. 그러자 모두들 단숨에 다 술을 마셔 식기들이 깨끗이 비워졌는데 유독 내 앞의 식기는 그대로였다. 그때 그것을 본 제대 말년 최고 왕 고참이 다가와 보고는 "왜 이게 남아 있나"하고 묻는 거였다. 난 경직된 자세로 "아직 술을 못 배워 잘 못 먹습니다."라고 말했다. 그러자 '군기 빠진 놈'이라며 "좋다 이 왕고가 술 먹는 법을 가르쳐주지"하고는 그 자리에서 물구나무를 서라는 것이었다.

난 벌떡 일어나 머리를 바닥에 대고 두 다리는 하늘로 향하는 자세를 취해야 했다. 그러자 왕고참은 내 얼굴 앞으로 술이 든 식기를 밀어 놓고는 "그 자세로 얼굴을 들고 이 술을 마신다. 실시!" 난 시키는 대로 "실시!"하며 복창을 하고 거꾸로 서서 술을 핥아 먹어야 했다. 그냥 거꾸로 있어도 온몸의 피가 머리로 내려와 피가 솟고 혈압이 오를 지경인데 그 상태로 술을 마시라니 이것은 고문 중에 상고문이었다. 난 개가 밥그릇에 있는 것을 핥아 먹듯이 나도 그렇게 먹는 것이다. 그러자 술은 다시 코와 입으로 다시 나오고 금방 취기는 올라와 정신이 없었다.

어찌 됐든 왕고참의 명령이니 난 어떻게든 마시긴 했지만 곧바로 코와 입으로 쏟아져 얼굴과 주변은 범벅이 되었다. 그렇게 하여 난 술잔을 다 비우자 그대로 쓰러져 뻗어버렸다.

난 이렇게 군에서 갖은 우여곡절을 겪으며 술에 다져지기 시작한 것이다. 술을 먹으면 순간 과감해지고 용기가 생기는 것 같고 반면에 절대 타인에게 지기 싫어하는 열등의식을 드러내기도 한다. 군에서 제대 후 회사에서 첫 사회생활을 할 때다.

어느 날 회사 직원 몇 명과 퇴근길에 단합대회를 한다는 명목으로 술자리를 가졌다. 한참 후 취기가 오를 때 옆 테이블에서 나와 비슷한 나이의 남자가 두 여자들과 술을 먹던 중에 갑자기 일어나 한 여자를 두들겨 패며 식탁 앞에 있던 것들을 마구 던지는 것이었다.

그러던 중에 던진 그릇 하나가 우리가 있는 식탁으로 날아온 것이다. 그러잖아도 쫓아가 뜯어말리려는 판에 그릇이 날아와 명분이 서자 다가가서 왜 그러느냐고 싸움을 말리려 했다. 그러자 그 친구는 네가 뭔데 참견이냐고 소주병으로 내 머리를 치는 것이었다. 순간 머리에서 피가 흐르자 나는 화가 날 때로 나 그놈을 묵사발이 되도록 두들겨 패버린 것이다. 순식간에 술집은 아수라장이 되었고 신고를 받은 경찰이 출동하였다. 그 자리에서 싸움을 하게 된 나를 포함해 몇 명은 수갑이 채워진 채 경찰서로 연행 되어야 했다.

술 취한 나를 비롯해 몇 명은 수갑을 찬 채 경찰서 유치장에서 졸면서 밤을 지새워야 했으며 날이 밝자 술집 주인의 증언과 상대방이 잘못을 인정하고 기물 파괴와 치료비를 배상해주는 선에서 사건의 전말은 끝이 났다.

난 그때 처음이자 마지막으로 수갑이란 것을 차야 하는 경험을 갖게 되었고 회사에서 '시말서'란 것을 써야 했던 것이다.

이렇듯 술은 만용이 생기며 과격해지는 것이다. 물론 사람마다 다르겠지만 보편적으로 나를 기준으로 한 경우다.

사람마다 술버릇이 있다. 술을 먹으면 그날 끝장날 때까지 술을 마시러 술집을 찾아가는 사람이 있는가 하면, 평소에는 성품이 온화한 사람이 술만 들어가면 밤새도록 주사를 부리며 옆 사람을 괴롭히는 사람이 있다.

그런데 나는 술만 어느 정도 들어가 취하게 되면 잠을 자는 것이다. 여럿이 술자리가 길어지면 끝쪽에서 자는 게 나다. 하다못해 노래방에 가더라도 취하면 자는 버릇이 있다. 그 요란하게 시끄러운 곳에서 잠을 잔다는 것이 난 아이러니할 뿐이다.

혹자는 이런 날 보고 좋다고 한다. 차라리 술 취해 시비 걸고 주사 부리는 것보다 훨씬 낫다는 것이다. 그것은 자신들의 환경에 처해있는 입장에서 볼 때 좋아 보이는 것일 테고 분명한 것은 자는 것도 좋은 것만은 아니다.

술 먹고 집에 갈 때면 버스를 타건 지하철을 타건 종점까지

가는 게 일쑤고 다시 올 때는 또 잠을 자니 그것이 좋을 수는 없는 것이다. 한때 종점까지 가면 더 늦어져 집에 전화를 걸어 택시 타고 갈 테니 택시비 가지고 나오라고 한 적이 수없이 많을 정도다.

또 언젠가는 지인 중에 김 회장이란 분이 삼성동에 회사를 설립하여 개업식에 꼭 오라는 것이었다. 마침 점심시간에 개업식을 하기에 참석을 하였는데 그때 식사를 하며 귀한 안동소주가 있다고 내놓으며 권하는 거였다. 난 양도 얼마 안 되어 보이길래 권하는 대로 받아 마셨는데 얼마 후 술에 취해 몸의 균형을 잡지 못하는 것이었다. 그래서 그만 마시겠다고 하고 집으로 가기 위해 2호선 지하철을 타게 되었다.

얼마 안 가고 구의역에서 내려야 한다고 생각하고 밖을 보니 잠실을 지나는 것이었다. 그런데 그 순간에 잠이 들어 한참을 잤는지 눈을 떠보니 이번엔 삼성역을 지나는 것이었다. 순간 난 황당하여 정신을 가다듬고 생각하니 잠들었다가 2호선 지하철이 한 바퀴 돌아 다시 가는 것을 알 수 있었다.

아니 지하철에서 내렸을 때는 이미 밖은 어두워졌으니 몇 바퀴를 돌았는지는 나도 그 누구도 모르는 것이다.

이런 일들이 비일비재하니 과연 술 먹고 자는 게 좋을 수 있겠는가? 그렇지만 술 취해 잠으로써 딱 한번 좋은 일이 있었다.

사람의 인간성을 알려면 그 사람과 같이 술을 먹어보고 화투를 쳐보면 그 사람의 인품과 품성을 알 수 있다고 한다. 맞는 말일 수도 있지만 인간성을 알기 위해 술 먹으며 화투를 칠 수 있는 기회를 만들기는 그리 쉽지 않다.

결혼 전 아내와 연애를 하다가 결혼을 하려할 때 일이다. 여름 휴가를 맞이하자 아내 집에서는 으레 인천에 아내의 이모 집에 간다는 것이다. 엄마 형제들이 많다 보니 외곽에 사시는 큰이모 집으로 온 친척 식구들이 모여 휴가를 보낸다고 한다.

아내 집에서는 이 기회에 나를 친척들에게 인사시키고자 하니 같이 가자는 것이다. 그래서 가게 되었는데 가면서 아내가 하는 말이 외삼촌과 이모부들이 날 보려고 벼르고 있다며 만나면 술을 많이 먹게 될 것이라고 하는 것이었다. 난 그러냐고 하며 도착했는데 정말로 식구들이 이삼십 명은 되는 것 같았고 한쪽에 술상을 봐 놨는데 내가 상대할 사람들은 열 명도 더 되었다. 그래서 난 자리에 앉기 전에 아내를 불러 뒤쪽으로 가서 참기름을 한 컵 가져오라고 했다. 술을 많이 마실 것 같아 일단 위를 보호하고 오래 견디기 위한 나의 예방책인 것이다.

그렇게 하여 난 윗사람들과 술자리를 하게 되었는데 축구를 한다는 외삼촌과 이모부들은 소주를 소주잔에 주는 게 아니라 아예 대접에 따라주는 것이다. 난 예를 갖추어 받고 마시며 그 잔에 다시 따라 드렸다. 묻는 말에 또렷이 대답하며 술잔이 오고 갔는데 시간이 지나자 취기가 확 올라오는 거였다. 그도 그럴 수밖에 없는 것이 나 혼자서 열사람이 넘는 사람의 잔을 다 받아 마셨으니 오죽했겠는가! 열 명이 나의 술 한 잔을 받으면 난 열 잔을 마셨을 테니 술에 장사 없다고 어느 순간 술을 받다가 옆으로 쓰러져 코를 골며 자게 된 것이다.

이렇듯 난 술 못한다는 말은 차마 못하겠고 당당하게 오기를 갖고 끝까지 갔던 것이다. 그렇게 해서 그 후 아내의 친척들에게 좋은 평판을 받을 수 있었다.

결혼 후에도 술로 인한 황당한 일은 있었다. 어느 날 처가에 가게 되었는데 장인은 내가 양주를 좋아한다고 자꾸만 권하시는 것이다. 장인께선 선물 들어온 양주를 원래 좋아하지 않으신다고 집에 보관해 두었던 양주를 꺼내신 거다.

원래 술꾼은 가리지 않고 아무 술이나 먹어야 한다는 게 나의 신조다. 로마에 가면 로마법을 따르랬다고 난 처가에 왔으니 처갓집 법을 따른 것뿐이다. 그렇게 먹는 것까지는 좋았는데 또 취기가 오르자 졸리는 것이다.

아내는 식구들의 도움을 받아 나를 부축해 방에 데려가 자게 되었는데 거기서 일은 터지고 말았다. 나는 한참을 자다 일어나 화장실을 찾아 빙빙 돌다 장롱문을 열고 소변을 본 것이다. 옆에서 자다 깬 아내는 이를 보고 놀라고 뒷정리하느라 애 좀 먹어야 했다. 훗날에 그 일을 기억하며 말할 때면 "뭐 어때! 폼 나잖아? 처가에 가서 장롱에 소변을 본 사람 있으면 나와 보라고 해."

사실 말은 그렇게 내뱉지만 한편으론 창피한 일인 건만은 맞다. 오랜 세월이 흐른 지금은 누군가 술 취해 실수를 저질렀다고 계면쩍어 하면 난 거침없이 "괜찮아 왕년에 난 처갓집에 가서 오줌도 쌌는데 뭐! 그래도 키 쓰고 소금 얻어오라는 사람 없더라"하고 말하며 한바탕 웃어 넘기곤 했다.

그렇다고 내가 술을 좋아해 혼자 먹는 것은 절대 아니다. 다만 사회생활의 폭이 넓어져 대인관계가 많다 보니 술자리가 좀 잦을 뿐이다. 내가 양껏 술을 먹다가 취하면 잔다는 게 훨씬 낫다는 걸 느낀 적이 있었다. 어느 날인가 그날도 처가에서 술 한잔하고 늦어서야 집에 가려고 큰길로 나와 택시를 타려고 하는데 웬 사람이 다가와 "형씨 저기 나쁜 새끼가 있는데 내가 패도 말을 안 듣고 버티니 함께 가서 혼내주자"는 것이다. 난 "그래요?"하며 쳐다보니 그 친구는 먼저 가서는 가로수를 주먹으로 치고 발길질을 하며 욕을 퍼붓고 있는 거였다. 술에 취한 내가 보기에도 정신 나간 놈이 틀림없다.

취했으면 곱게 집에 가 잠이나 잘 것이지 저게 무슨 추태란 말인가. 그걸 본 순간 난 내가 술에 취하면 자는 것이 오히려 다행이다라고 생각이 들었던 것이다.

어찌 됐든 기왕 술을 먹는 사람이라면 술에 대한 양의 조절은 본인이 해야 한다. 본인의 체질과 술버릇을 스스로 간파하고 주의해야 하는 것이다. 술을 마시면 온 세상이 자기 뜻대로 될 것 같은 자가도취에 착각을 하게 되는 것이다.

그래서 난 사업상의 거래나 혹은 부탁 같은 것은 절대 술자리에서 안 한다. 술 깨면 무슨 말을 했는지 기억조차 못하는 경우가 많기 때문이다. 맨정신으로 업무를 보고 난 다음에야 뒤풀이에서 술에 취하든 제 버릇대로 하든 상관없기 때문이다.

난 술을 먹든 안 먹든 어딜 가다가 애매한 일들을 보면 그냥 지나치지 않고 상관(相關)을 한다. 그리고 잘잘못을 따져 약자 편을 든다. 맨정신으로 그런 행동을 한다면 그건 불의를 보고 정의로운 행동이라 할 것이다. 그러나 술 냄새를 풍기면 아무리 옳은 일이라 해도 받아 주질 않는다. 그저 술 취한 사람일 뿐이다.

그러니까 벌써 6~7년 전 일이다. 어느 날 저녁에 종로3가에서 손님들을 만나 술자리로 이어졌다. 그날 손님들은 아버지 같은 어르신들로 조심스럽고 어렵기만 한 자리였다. 어르신들은 막걸리를 좋아하신다고 막걸리를 드시는 거였다. 난 막걸리가 안 맞는지 싫다. 도수는 약하다고 하는데 막걸리만 마시면 더 빨리 취하는 것만 같고 온몸이 노곤한 게 푹 처지는 것만 같다. 그렇지만 어르신들과의 술좌석인지라 말도 못 하고 경직된 자세로 주는 대로 마셔야 했다. 어르신들은 막걸리는 요구르트 같다며 많이 마셔도 안 취하신다는 것이다. 상황이 이러하니 난 아무 말 못 하고 예! 예! 하며 주는 대로 마셔야 했다.

한참 후 어르신들이 일어나게 되자 술자리는 끝이 나고 5호선 지하철을 탄 것이다. 그리고 난 영락없이 잠이 들었고 한참 후 누군가 깨우자 일어났는데 이게 어찌 된 일인지 도착한 곳이 방화역이었다. 종로3가에서 탈 때 반대 방향에서 탔던 것이다. 정신을 가다듬고 보니 마침 마천동 가는 막차가 대기하고 있는 것이었다.

난 다행이다 싶어 지하철을 탔다. 그리고 억지로 졸음을 참으며 가고 있는데 지하철이 광화문 쯤에 오자 갑자기 소변이 마려워 견딜 수가 없는 것이었다. 아마 막걸리를 많이 먹고 오랜 시간이 흘러서인 거 같았다. 난 막차를 타고 가는 중이므로 도중에 내릴 수 없어 참자며 이를 악물어야 했다. 그런데 을지로 4가에 다다르니 도저히 참을 수 없어 내리게 되었다.

밖으로 나가 급하게 화장실로 가니 모두 나 같은 사람들인지 화장실은 만원이었다. 그때 옆에서 용변을 보시던 어르신이 막 나가시려 하는데 고등학생 정도 되는 젊은이 두 명이 들어오다 어르신을 밀쳐 버려 노인은 벽으로 내동댕이쳐진 것이다.

그런데도 이놈들은 시시덕거리며 자기 볼일만 보고 있는 것이다. 난 얼른 어르신을 일으켜 세우고 양손으로 젊은 애들 목뒤를 후려치며 "이 새끼들아. 노인부터 살펴야지. 지금 뭐 하는 짓들이야? 너희는 부모도 없냐? 새끼들아!"하고 내질렀다. 그러자 그놈들은 오히려 적반하장으로 아저씨가 뭔데 때리느냐고 대드는 것이다. 그렇게 옥신각신하는데 누가 신고했는지 경찰이 와서 나는 그놈들과 파출소로 가게 되었다.

파출소에서 자초지종 설명을 했는데도 경찰은 내 말은 듣지 않고 저놈들이 맞았다고 난리 치니 저놈들 말만 듣는 것이었다. 그리고는 경찰이 다가와 하는 말이 일단 때린 것은 폭행이라 시끄러워질 수 있으니 몇 푼 줘서 좋게 끝내라는 것이다.

이것이 법의 맹점이구나 생각하니 난 어이없지만 늦은 시간에 집 식구들 걱정할까 봐 한 놈당 10만 원씩 20만 원을 주고 집으로 오게 된 것이다. 그런 일에 돈을 뺏겨 속은 쓰리지만 어쩌겠나 그게 내 운명인 걸 하고 집에 들어가니 식구들은 어찌 알고 다들 안자고 기다리고 있다.

아마 파출소에서 신원을 확인하려고 집으로 전화를 했나 보다. 가뜩이나 속 쓰려 죽겠는데 두 딸과 아내는 합세하여 말하길 "아빠! 제발 술 마시고 옆 사람 신경 쓰지 말고 곧장 들어와!" 아내는 하는 말이 "꼭 우리집에 큰애를 키우는 것 같다"고 하는 것이고 작은딸은 지난해에 있었던 일을 끄집어내어 말을 하며 흉내를 내는 것이었다.

지난해 일을 돌이켜 보자면 한마디로 어처구니없는 일이다. 그날이 12월 31일 회원들과 송년회를 한다고 하여 간단하게 술 한잔하고 연말연시는 집에 가서 가족들과 함께 하자고 하고는 회원들과 헤어져 버스를 타려고 걷고 있는데 갑자기 미끄러져 코트주머니에서 손도 빼지 못한 채 아스팔트가 벌떡 들어와 얼굴을 치고 말았다.

순간 몸뚱아리는 내동댕이치듯 굴러갔고 안경은 박살나고 볼때기는 아스팔트에 갈아 피는 줄줄 나고 마치 빈대떡 부쳐놓은 형태가 되었다. 그런 상태에서 택시를 타고 집에 들어오니 내 꼬락서니를 본 식구들은 놀라 말문이 막히다시피 했고 난 며칠을 골방에 처박혀 약 먹고 바르며 계란을 볼에 문지르고 지내야 했던 것이다. 작은딸은 그때 내가 들어온 흉내를 내며 자극을 주는 것이었다.

이렇듯 술 먹는 사람들은 누구나 술에 얽힌 사연들이 많을 것이다. 이런 사연들이 있었기에 조심을 하게 되었고 술을 이기는 습성을 스스로 터득하게 되는 것이다.

지난해에는 술버릇이 고약한 친구와 만나다가 술에 얽힌 황당하고 기가 막힌 일이 있었다.

지인 중에 동갑내기 허 머시기란 친구가 있다. 한때 금융계에 종사하다 지금은 퇴직하고 금융상담소를 운영하고 있다. 그래서 그를 허 소장이라 부른다. 이 친구는 평소에는 말수도 적고 점잖다. 아는 게 많아 분야별로 박식하다. 그런데 어쩌다 술만 먹었다 하면 끝장을 봐야 한다. 이리저리 돌아다니며 술을 먹어야 하고 마음에 안 들면 욕을 해가며 무법자가 되는 것이다. 그때면 나와 싸우게 되고 끝에 가서는 내팽개치고 돌아온 게 한두 번이 아니다.

그러나 다음날이 되면 전날에 일들을 까맣게 잊고 마치 언제 무슨 일이 있었느냐는 식이니 오히려 상대한 내가 미칠 지경이다. 그래서 술에 대한 경계 1호가 그 친구다.

그 친구는 파주에 있는 안보교육장 운영을 위해 내가 가족과 떨어져 살고 있다는 것을 알고 일요일이면 가끔 찾아와 놀다가곤 했었다. 그때는 차를 몰고 와 주변을 둘러보고 가곤 하는 바람에 술을 먹지는 않았었다.

그런데 지난해 추석 때의 일이다. 추석 연휴로 며칠 쉬게 되자 허 소장은 먹을 것을 가지고 놀러 온 것이었다. 그날은 하루종일 나와 지낸다고 하여 저녁때 삼겹살을 구워 소주를 먹었다.

야외에 나와 맑은 공기를 마시며 이런저런 얘기를 하며 술을 드니 그 순간은 신선이 따로 없는 것이었다. 그러나 불과 물이 만났으니 평탄하지는 않았다. 저녁 늦게까지 술을 마시자 그때부터 난 졸음이 쏟아져 자야 했고 허 소장은 술버릇 발동이 걸린 것이다.

날 보고 금촌에 큰 술집에 가자는 것이고 노래방을 가자고 보채는 것이다. 난 술을 많이 먹어서 갈 수 없다고 단호하게 만류하고 내무반 숙소에 이불을 깔아주며 자라고 하고 난 맞은편 침상에 누어야 했다.

그때부터 허 소장의 발작 같은 술주정은 시작되었다. 그러거나 말거나 난 술주정을 자장가 삼아 밤새 무슨 일이 있었는지 모르고 자고 있었다.

아침이 되자 마음이 상쾌해지는 게 기분이 좋다. 앞에 침상을 보니 언제 잤는지 허 소장이 자기 자리에서 자고 있었다.

난 순찰 겸 운동 삼아 교육장 한 바퀴를 돌려고 밖으로 나와 보니 순간 놀라워 아연실색하고 말았다. 그것은 허 소장이 타고 온 지프차가 없는 것이다. 분명 허 소장은 내무반에서 자고 있는데 차는 없어졌으니 기가 막히는 일이다. 거기다 이곳은 개가 열 마리가 있어 외부에서 누군가가 들어올 수도 없고 이런저런 생각으로 정문 쪽으로 내려가니 정문은 제대로 닫혀 있는데 교육장 안에는 허 소장 차가 보이지 않는 것이다.

기왕 정문까지 내려왔으니 밖의 편의점에 가서 담배나 사야겠다고 정문을 열고 밖을 나오니 어찌 된 일인지 길 건너에 허 소장 지프차가 보이는 거였다. 그리로 다가가 차의 문을 열어 보니 문도 열리고 자동차 키도 꽂혀 있었다. 난 키를 빼고 난 다음 담배를 사서 다시 정문을 열고 올라가다가 생각하니 그때서야 차가 밖에 있는 까닭을 알 수 있었다.

정말 생각만 해도 소름 끼치며 아찔하다. 전날에 분명 허 소장은 술집을 찾아 나서려고 차를 몰고 내려와 정문 앞에 다가

와 차에서 내리고 정문을 열고 차를 밖으로 몰고 나가서 그곳에 세우고 차에서 내려 정문을 닫고 막사로 올라온 것이다.

만약 맨정신이면 갈 때 철문을 밀어 밖에서 정문의 고리를 밀면 되는데 어제는 술에 취해서 문을 안으로 끌고 들어와 고리를 미니 오히려 자기가 철문 안에 있었을 테고 순간 밖에 차가 있다는 것을 잊고 그냥 올라와 자게 된 것이다.

천만다행이었다. 어처구니없는 실수로 다시 올라온 것도 다행이지만 또 다행은 차의 시동을 끄고 왔기 때문이다. 보통 그 경우는 누구나 시동을 걸어 놓고 차에서 내려 문을 닫고는 차를 타고 떠나는데 그날은 시동을 끄고 키를 꽂아 놓고 내린 것이다. 만약 시동이 걸려 있었다면 도난당했거나 아침까지 시동이 걸려 있었을 것이다.

자리에서 일어난 허 소장한테 차가 없어졌다고 눈으로 보여주며 어찌 된 거냐고 물었건만 허 소장은 전혀 기억이 안 난다고 모르겠다는 것이다. 옆에 있는 내가 미치고 환장하는 순간이다. 난 자초지종을 말하니 그때서야 그런 거 같다고 말하는 거였다.

만약 허 소장이 밖에서 문을 닫고 차를 몰았다면 큰 사고를 냈거나 아니면 고개 너머 검문소에서 음주운전으로 경찰에 잡혀갔을 건 불 보듯 뻔한 일이다.

허 소장은 아찔했던 순간을 인지하고 그 후부터 술을 끊었다. 정신을 차린다며 술을 끊었고 진짜 술을 먹지 않은 지 일 년이 흘렀다. 지금까지 술을 끊고 안 먹는지 모르지만 분명 술이란 것도 같은 부류의 사람끼리 만나 먹어야 행복하다는 것이다. 이렇듯 나의 술에 얽힌 사연들은 파란만장한 것이었다.

식파라치에 얽힌 사연

유명인들의 사생활을 사진을 찍거나 또는 위반차량을 사진을 찍어 포상금을 받아내는 파파라치가 있다는 것을 몇 년 전 방송에서 들었건만 신종 식파라치가 있다는 것은 얼마 전에 처음 들어 알았다

식파라치는 식품들을 취급하는 식당이나 슈퍼마켓 등에서 유통기간이 지난 식품이나 이물질이 들어간 식품이나 불량식품 등을 찾아 사진을 찍어 신고하고 포상금을 받는 사람을 일컫는 말

로 음식(食)과 파파라치의 합성어라는 것이다.

참으로 세상이 변하여 다양한 물건들이 많이 나오다 보니 별해괴한 직업들도 다양하게 나오는 것 같다. 내가 이 식파라치를 알아야 했던 기가 막힌 일이 있었다.

어느 날 젊은 회원이 급히 찾아와 회원인 영훈 씨가 아침 출근길에 경찰에 긴급 체포되어 연행되었다고 하는 것이다. 난 영문을 몰라 황당하여 어이없어하다가 자세한 이야기를 들어야 했다.

무역회사에서 일을 하는 영훈 씨는 경기불황으로 수입이 저조해지자 여러 면으로 고초를 겪어야 했다. 더군다나 초등학교 6학년인 아들이 하나 있는데 금년 초에 늦둥이 아들을 하나 더 낳았다는 것이다. 이 시기에 식구는 늘고 수입이 적으니 내심 심적 고통이 이만저만 아니었다 한다.

그러던 중 동네에서 사는 중학교 동창생이 식파라치를 하는데 일손이 달린다고 후배 한 명과 같이 주말에 아르바이트로 일 좀 도와달라는 제안을 받았다는 것이다.

사람이 코너에 몰려있는 상황에서 찬밥 더운밥 가리게 생겼나? 무엇인가 돌파구를 찾으려 할 때 때마침 일이 생기게 된 것이다. 더군다나 주말에만 일한다고 하니 괜찮을 것 같아 일을 하게 되었다 한다.

경험이 없는 영훈 씨는 시키는 대로 따라 다니며 2주일 정도 해왔다는 것이다. 그런데 느닷없이 오늘 경찰이 찾아와 연행되었다고 한다.

가족들과 주변 사람들은 영문을 모르니 회장님이 알아봐 주실 수 없겠느냐는 것이었다. 영훈 씨를 오랫동안 곁에서 보아온 나로서도 도저히 납득이 가지 않았다.

40대의 그는 성실하고 맡은 일을 책임감 있게 잘 처리하는 사람이다. 또, 오랫동안 우리 행사에 적극적으로 참여해 궂은 일도 마다치 않고 해온 사람이다.

내 생각에 필시 무슨 곡절이 있겠구나 하며 난 수소문하여 그 이유를 알고자 했다.

마침 그쪽에 우리 법인 이사가 있어 자세한 내용을 알 수 있었다. 영훈 씨는 폭력행위 등 처벌에 관한 법률위반으로 조사 중에 있다는 것이다.

사건의 전말은 어이없고 기가 막힌다. 어느 슈퍼에서 유통기한이 지난 식품을 발견한 영훈 씨 일행은 사진을 찍고 했는데 그때 리더인 영훈 씨 동창이 슈퍼주인에게 증거를 제시하자 이를 무마하려고 주인은 30만 원을 주며 무마하자고 했던 거였다.

마침 그 시기에는 식파라치들의 불법행위가 극성을 부려 식품

유통의 혼란이 야기되자 검찰에서는 이를 집중 단속 중이었다. 그런 시기에 영훈 씨 일행들이 그런 행위를 하였을 때 그때 누군가 신고를 하자 경찰이 수사에 나서게 되었고 세 명의 식파라치가 뒷거래로 돈을 받았으니 문제가 된 것이다. 혼자도 아닌 세 명이 조직적인 공갈 협박으로 인한 금품갈취가 된 것이다.

일은 리더인 동창생이 저질렀건만 동행하여 참여한 것으로 공범죄가 성립되었다. 조사 중에 리더인 동창생이 단독으로 했다고 모두 인정하고 영훈 씨 외 한 명은 이 일과 무관하다고 진술했지만 공범이란 굴레는 벗어날 수 없는 것이다.

주말을 이용해 용돈이나 벌어 보려고 아르바이트 일을 하려고 몇 번 나온 것이 범죄자로 둔갑하는 거였다. 억세게 재수 없는 놈은 뒤로 자빠져도 코가 깨진다고 바로 그 짝이 아니겠는가! 하필이면 그때 검찰의 식파라치 단속의 첫 시범 케이스로 영훈 씨 일행이 검거된 것이었다.

전후 사정을 알고 나니 안타깝고 어찌해야 할지 그저 막막하기만 하다. 어떻게든 힘이 되어 도움을 주고 싶은데 방법이 없는 것이다. 온종일 고민하다 힘이 될지는 모르지만 탄원서를 써서 보내기로 결심하고 작성하여 보냈다.

탄 원 서

언제나 엄정하게 공정한 법 집행을 위해 노고가 많으신 재판장님께 경의의 말씀을 드립니다.

다름이 아니오라 사건번호 2015 고단****번 폭력행위 등 처벌에 관한 법률 위반 사건과 관련하여 피의자 윤영훈에 대한 관대한 처분을 간곡히 부탁드리고자 이글을 올리게 되었습니다.

이글을 올리는 저는 피의자 윤영훈이 회원으로 속해 있는 공익법인 (사)국방안보교육진흥원의 원장입니다.

본의 아니게 이번 사건의 피의자가 된 윤영훈을 지켜보아야 하는 본 단체의 임원들과 저는 피의자 윤영훈을 비롯해 온 가족들이 고통스러워하기에 이를 지켜본 저의 단체는 마음이 편치 않아 안타까운 심정으로 감히 존엄하신 재판장님께 탄원의 글을 올립니다.

본 단체가 바라본 피의자 윤영훈은 평소 마음이 여리고 쾌활한 성격의 소유자로 경우와 예의가 밝은 요즘에 보기 드문 젊은 사람입니다. 본 법인이 다년간 주관하는 공익사업 행사에도 빠짐없이 참여하여 온갖 정성과 성의를 다하여 최선으로 봉사를 맡아 해왔기에 주변에서 칭찬을 많이 합니다.

가내에서는 연로하신데다 지병으로 거동이 불편하신 부모님을 위해 극진히 봉양을 하는가 하면, 형제들과도 우애가 좋아 잘 살지는 못해도 항상 웃음을 잃지 않고 다복하게 사는 것으로 기억합니다.

그러던 피의자 윤영훈은 13살 된 아들이 있으며 금년 들어 늦둥이 아들을 하나 더 낳았습니다. 그러나 온 가족과 주변의 축하를 받는 것도 잠시였고 그 후부터 경제적으로 인한 심리적 압박을 받게 되었습니다.

식구는 한명 더 늘었고 온 나라가 경기 침체로 점점 더 어려워져가니 수입은 적어지고 근심으로 일관할 때, 때마침 주말에 아르바이트를 해보라는 주변에 사는 중학교 동창생의 권유로 식파라치라는 것에 뛰어들게 된 것입니다. 어린아이의 분유값이라도 벌어 보겠다는 갸륵하기만 했던 일이 어쩌다 이런 엄청난 소용돌이에 말려들어 엮이게 되었는지 바라보는 사람들은 그저 안타까울 따름입니다.

존경하는 재판장님!

이렇듯 피의자는 단순 생활고를 위해 무엇인가 일을 하다 이유가 어찌 됐든 본의 아니게 사회에 물의를 일으키게 되었습니다. 이 점은 본인도 깊이 후회하고 반성하고 있을 것입니다.

재판장님의 관대한 처분으로 한 가정의 가장인 피의자 윤영훈을 연로하신 부모님과 어린 아이들이 기다리는 가정으로 하루 속히 귀가할 수 있기를 본 법인 전 회원의 중지를 모아 기원 합니다.

끝으로 재판장님의 건강과 행운이 함께 하시길 기원 드립니다.

2015년 12월 17일

위 탄원인

(사)국방안보교육진흥원　이사장 겸 원장 정 문 식

그 후 영훈 씨는 정상 참작으로 집행유예를 선고받았다. 그리고 흐트러지고 지친 몸과 마음을 추스르고 회복시켜 지금은 자기 자리에서 열심히 일하며 살고 있다.

담배에 얽힌 사연

담배를 피운 지 40년이 되었다. 군에 입대하여 피우기 시작한 것이다. 당시 군에서는 사병들에게 이틀에 한 갑씩 화랑 담배가 지급되었다. 훈련을 받다가 쉬는 시간이나 작업을 하다 잠시 쉬는 시간에 이 담배를 피우며 육체의 피곤함을 달래며 고향의 포근함을 그리곤 했던 것이다.

한 개비 담배도 나누어 피우며 전우애로 돈독하게 했던 유일한 애호품이었다. 그뿐이던가 농사를 짓는 부모님들께도 담배 선물을 하면 아주 좋아하셨건만 그렇게 없어서는 안 되었던 담배가 세상이 변하자 지금은 애물단지가 되어 천대를 받게 되었다.

한때 우리가 어려웠던 시절 전매사업은 경제성장에 크게 이바지하였고 누구나 생활의 필수품으로 여겨왔다. 당시에는 버스나 기차 안에서도 흔히 피울 수 있었고 지하철이나 하다못해 비행기를 타도 담배는 따라다니며 피워 왔었다. 그러던 담배가 시대가 변하면서 건강을 해롭게 한다는 이유로 괄시를 받으며 담배 피우는 사람은 야만인으로 취급 당했다.

나는 군대 제대 후 사회생활을 하면서도 계속 피웠다. 혼탁한 사회생활에서 한 개비 담배로 시름을 달랠 수 있었고 과도한 스트레스에 담배는 해소제 역할을 해왔다. 그러다 보니 이 담배로 인하여 부작용이 생긴 적도 있다.

오래전 30대 초반의 언제인가 어려운 형편으로 집을 장만하려고 할 때 돈이 모자라 고심하던 중 마침 내가 보험에 가입해 있었던 삼성생명에서 대출을 받아 일을 처리한 적이 있었다. 그렇게 해서 급한 불을 끄고 해결을 했었는데 그 후 사업을 시작한 후 사정이 어려워 몇 달간 보험금을 납부하지 못 하게 되었다.

그러자 보험회사에서 실효를 시킨다고 연락이 온 것이다. 그러면서 다시 보험을 부활시키려면 보험회사로 들어와 건강검진을 받아야 한다고 금식하고 오라는 것이다.

난 다음날 하라는 대로 금식을 하고, 보험회사에 가서 피검사와 소변검사를 하고 돌아왔다. 그러자 이틀 뒤 보험회사에서 전화가 왔는데 어처구니없는 말을 하는 것이었다. 그것은 나의 건강에 문제가 있으니 대출금 전액을 상환하라는 것이다. 황당하고 기가 막혔다. 난 성질이 나 다시 전화를 걸어 따졌다.

"당신들은 내가 죽을까 봐 돈을 상환받으려고 하겠지만, 영문도 모르는 나는 도대체 어디가 어떻게 문제가 있는 건지 몰라 답답하니 설명을 해줘야 할 거 아니오?" 했더니 그제서야 간경화증이라는 것이다. 그게 뭐냐고 했더니 담배를 많이 피워서 간경화증이 된 것이라 말을 하는 것이다.

그 말을 들으니 진짜로 어처구니없다. 병원에서 진찰을 받은 것도 아니고 한낱 보험회사에서 진찰하고 결과가 그렇다고 통보를 하며 대출금 떼일까 봐 상환하라니! 이게 말이 되는 소리인가! 그래서 그때 돈은 상환해야 했고 담배는 당장 어떻게 할 수 없어 대신 약한 담배를 피우자라는 생각으로 박하 냄새 나는 멘솔을 피우기 시작한 것이다.

그렇게 담배를 피우며 별 탈 없이 지금까지 잘 살아왔는데 지금의 사회는 금연운동으로 캠페인을 벌이며 흡연자를 퇴치하려

하는 것이다. 날이 갈수록 발 디딜 곳이 없어지는 가엾은 처지의 인간으로 전락하고 말았다.

어느 해부터는 담뱃값을 두 배로 인상을 하는가 하면 담배갑에 경고라며 해로움을 자극하는 온갖 내용의 문구와 섬뜩한 사진까지 넣어놓고 판매를 하고 있으니 이걸 사서 피우는 나는 묘한 기분이 든다.

차라리 담배를 생산하지 말든가 담배 숫자는 엄청나게 많으면서 꼭 이렇게까지 해야 하는가 말이다. 한때는 담배 냄새가 구수하다고 했던 아내도 이제는 두 딸들과 합세하여 냄새난다고 난리들이니 점점 비참하고 불쌍해지는 것이다.

왜 다른 건 모두 발전하면서 담배는 발전이 안 되는 것일까. 담배가 몸에 해롭지 않게 개발하고 담배 연기도 좋은 향이 나와 옆에 있는 사람들에게 오히려 인기가 있게 만들어 낸다면 만사형통이 될 것인데 말이다. 그러나 그것은 오직 나만의 바람이고 현실의 흡연생활은 불편이 날로 심해갔다.

버스 정류장이나 사람들이 많은 공공장소에서는 한쪽으로 소외(疏外)되어야 하는 것은 물론이요 건물 내에서도 쫓겨나다시피 나와서 피워야 하고 하다못해 술 한잔하러 술집에 가더라도 중간에 밖에 나와서 피우고 들어가야 하는 실정이다.

또 대중교통을 이용하려 하면 옆에서 담배 냄새난다고 코를 씰룩대며 곁눈질을 하며 피해 버리는 실정이 되었으니 비참하기만 하다. 내 돈 갖고 내 입으로 피웠는데도 마치 죄짓거나 더러운 사람 취급을 받으니 말이다.

어느 날은 업무를 마치고 밤 12시 다 되어 집에 도착하여 횡단보도에서 담배를 물고 있는데 그때 젊은 아주머니가 옆에 다가와 있다가 갑자기 담배 냄새난다고 "아저씨 담배 냄새나요."라고 하는 거였다. 난 무의식중에 뒤로 물러서며 "죄송합니다."라고 말을 하였다. 그런데 가만히 생각해보니 은근히 화가 나는 것이다. 사람 하나 다니지 않는 시골길에서 담배를 피워 냄새난다고 할 게 아니라 자기가 한 발 뒤에 있으면 될 것을 오밤중에 겁도 없이 꼭 그렇게 한마디 하고 싶을까 하는 생각이 드는 것이다. 마음씨 좋은 나를 만나서 그렇지 성질 더러운 놈 만났으면 인적이 드문 이 밤에 무슨 꼴을 당하려고 꼴값을 떨까 하는 생각이 들었다.

그래서 그 순간 난 더러워서 더 이상 이꼴저꼴 보지 말고 담배를 끊어 버리자고 생각하게 되었다.

억울하다 그동안 피운 담뱃값을 환산하면 웬만한 이층집은 지었을 것이다. 그렇게 지어놓은 이층집 건물을 헐어버린다 생각하니 억울한 것이다.

내가 담배를 끊어야겠다고 생각한 이유는 담뱃값이 올라서가 아니다. 그것은 점점 흡연으로 인한 불편한 생활이 날로 심화되기 때문이다.

언젠가 공항의 흡연실에 갔는데 그곳에는 남녀 구분 없이 많은 사람들이 들어와 흡연을 하고 있었다. 나도 그곳에 들어가 담배를 피우는데 바로 옆에서 20대 초반의 젊은 남녀가 날 보란 듯이 맞담배를 피는 것이다. 순간 나 자신이 보기 민망하였다. 좁은 구석의 흡연실에서 위아래 없이 마주 보며 담배를 피운다는 게 순간적으로 나를 섬뜩하게 하였고, 담배 피우는 장소를 점점 더 규제하고 있으니 죄지은 사람마냥 숨어 가며 피워야 하는 내 꼬락서니가 스스로 비참해서 싫었다. 또 사람들이 냄새를 맡으며 곁눈질할까 봐 눈치를 봐야 하는 게 싫었고 담배를 살 때면 담뱃갑 경고 사진을 보는 게 싫어 끊기로 했던 것이다.

그래서 새해부터는 담배를 끊어 버리고 새롭게 출발하자고 굳게 마음을 먹은 것이다. 그리고는 확고한 신념으로 만천하에 공포하여 금연 의지를 신뢰하게끔 다지자 하고는 떠나는 해 0시를 기해 가까운 지인들과 회원들에게 전체 문자를 보냈다.

을미년 새해를 맞이했습니다.

새해에는 만사형통하시길 두 손 모아 기원 드립니다.

그리고 조금 전 40년간 의지하며 동고동락을 해오던 벗 뽀식이를 떠나보내야 하는 슬픔의 고통을 견뎌야 했습니다. 아울러 뽀식이의 삼가 명복을 빕니다.

뽀식이 안뇽! 2014년 갑오년 안뇽!

정문식 배상

메시지를 받아 본 사람들은 격려의 답변으로 '축하합니다.' '어려운 결심을 하셨습니다.' '대단하십니다.' '꼭 이루십시오.' 등등 각자 생각으로 격려의 말을 보낸 것이다.

그런데 유독 한사람, 친구인 조머시기라고 뭔 말인지 이해를 못하고 "정 회장! 어느 병원이야? 근데 뽀식이 그 친구 나도 봤던가?"하고 회신이 온 것이다.

꼭 어디를 가면 삐딱한 사람 한 명씩 있고 많은 사람을 모아 놓고 좌향좌하면 한두 명이 우향우를 하여 고문관 소리를 듣듯이 엉뚱한 사람이 나오는 것인가 보다.

난 순간 황당하고 어이없어 한참을 낄낄대다 "뽀식이는 이미 연기가 되어 하늘로 날아갔다네."라고 문자를 보낸 것이다.

그렇게 시작해서 나의 금연은 시작되었고 잘 적응하니 음식들도 다 맛있고 몸에 살이 오른 것 같았다. 그런대로 잘 지내고 있는데 넉 달하고 보름째가 되는 날 속이 확 뒤집어지도록 열 받는 일이 생긴 것이다.

난 어찌할 바를 몰라 담배를 사다 입에 물어야 했다. 그래 모든 일들이 정상궤도에 오를 때까지만 잠시 다시 피우자. 그리고 그 때가 되면 다시 끊자고 스스로 위안을 했던 것이다.

작심 넉 달 보름 만에 나의 금연은 나무아미타불이 되었다. 하지만 지금은 때가 아니지만 머지않아 다시 금연은 할 계획이다.

교육장안의 철수와 영희

국방부 소관 공익법인으로 부대에 군인들이 철수한 군 유휴지를 안보교육장으로 사용하고자 오랜 시간을 고군분투 끝에 사용허가를 받아내었다. 이런 경우는 국내 최초로 있는 일이라 한다.

경기도 파주시에 위치한 교육장은 주변 또한 통일전망대가 있고 많은 사람들이 즐겨 찾는 프로방스와 헤이리 예술의 마을과 또 경기 영어마을이 산재해 있어 주말이면 사람들로 붐벼 장관을 이룬다. 거기다 교통 또한 좋다 보니 교육장 위치로는 최상급인 것이다.

2만여 평이 넘는 교육장에는 군에서 쓰던 막사를 비롯해 취사장 및 관사가 있으며 산 쪽으로는 각개 전투장과 넓은 연병장도 있다. 이 크고 넓은 교육장을 법인대표로서 운영하고 관리해야 하니 부담감이 크다.

무엇보다 서울 동쪽 끝의 집에서 60킬로가 되는 이곳을 보름 동안 출퇴근하다 보니 심신이 고달팠다. 그래서 비장한 각오를 하게 되었다. 그것은 보따리 싸 들고 교육장으로 들어와 상주하기로 굳게 결심을 한 것이다.

그래서 가족들과 이별 아닌 생이별을 해야 했다. 아쉬운 대로 빈 관사에 자리를 잡고 생활을 시작하게 되었다.

아침이면 일어나 넓은 공간을 한 바퀴 돌고 근처의 약수터에서 물을 떠 왔다. 이런 생활도 얼마간 적응을 하다 보니 쏠쏠한 재미가 있으며 무엇보다 도심 속보다 공기가 좋다 보니 몸이 가벼워지는 것 같았다.

하지만 넓은 곳에서 혼자 지내려니 적적하여 외로움이 쌓이는 것 같았다. 그러던 중 우연히 문산의 국가유공자회 신재금 회장을 만나 조그만 강아지 새끼를 구할 수 없느냐고 말을 했더니, 금방 생각이라도 났는지 마침 이웃집에 개가 지난달에 새끼 4마리를 낳았는데 이야기를 해 사주겠다는 것이었다. 그리고 덧붙여 말하기를 종자는 작은 발발이인데 그래도 진돗개 피를 받아 여간 영리한 게 아니라고 말하는 것이다.

다음날 난 큰 기대를 걸고 차를 몰고 신회장 집으로 갔다. 그리고 개가 있는 집으로 가게 되었는데 모습을 보니 종자가 작은 어미 개가 4마리의 새끼들과 옹기종기 모여 놀고 있었다. 그것을 보노라니 너무 귀여워 몽땅 가져오고 싶었지만 차마 그럴 수는 없었다. 그래서 한 마리는 너무 외로울 것 같아 아예 한 쌍을 가져오려고 잘 생긴 암수 두 마리 골랐다. 그러자 개 주인은 3만 원만 내라 하여 돈을 주고는 빈 상자에 넣어서 교육장 숙소로 돌아오게 되었다.

그렇게 해서 두 마리의 개 식구가 늘어 교육장에서 함께 살게 된 것이다. 그 후 개 이름을 평범하게 수놈은 철수라고 하고 암놈을 영희라 지어준 것이다.

식구가 늘어서인지 이제는 적적함과 외로움을 잊은 지 이미 오래됐다. 간간히 서울 사무실에 외출하고 돌아오면 난리치며 반가워하는 철수와 영희가 있기 때문이다. 그놈들이 교육장에서 얼마간의 시간을 두고 적응을 하게 되자 그 넓은 교육장에 자기들의 영역을 넓히듯 쏘다니고 있다. 그러다가도 내가 들어오거나 있을 때면 내 곁을 떠나지 않고 졸졸 따라다니는 것이다. 모처럼 일요일에 늦잠을 자려 하면 어김없이 현관문을 박박 긁거나 꼬리로 툭툭 치면서 나를 나오라고 하는 것이다. 그렇게 나나 자기들이나 자연 속에서 누구의 구속을 받지 않고 살고 있으니 순간이나마 팔자 핀 생은 맞다.

그렇게 철수, 영희와 함께 가을에서 겨울을 보내고 새해를 맞이했다. 이놈들도 한 살을 더 먹으니 짖기도 하고 제법 의젓해졌다. 항상 두 마리가 같이 움직이니 보는 나도 마음이 든든하다.

혹, 현관문을 열고 나올 때 이놈들이 보이지 않아 철수야! 영희야! 하고 부르면 어디 있든지 쏜살같이 달려와 안기려 하는 것이다. 아침 운동을 하기 위해 한 바퀴 뛸 때도 같이 따라와 뛴다. 어쩌다 큰 고라니 같은 동물들이 내려왔다가 놀래서 뛰어가면, 이놈들은 겁대가리 없이 사정없이 짖으며 쫓아가는 것이다. 하긴 똥개도 자기 영역에서는 50점은 먹고 들어간다는데 맞는 말인거 같다.

이제는 내가 버스를 타고 서울에 나가려고 버스정류장으로 걸어가면 끝까지 쫓아온다. 내가 뒤돌아서 집에 가라고 소리 지르면 멈칫거리다 되돌아서고 다시 내가 뒤돌아서 걸으면 어김없이 이놈들도 따라온다. 그 순간은 미칠 노릇이다. 그렇게 한참을 옥신각신해야 하는 것이다. 그러다 버스가 와서 내가 올라타고 차창 밖으로 그놈들을 보노라면 그놈들은 한참을 버스를 쳐다보고 있는 것이다. 참으로 마음이 저려 안타까울 때가 한두 번이 아니다. 그러다 들어올 때면 내가 오는 걸 어떻게 알았는지 쏜살같이 달려와 반기는 것이었다.

어떤 때는 차를 몰고 나왔다 늦은 밤에 들어가는데 입구 담벼락 위에서 두 마리가 쪼그리고 앉아 있다가 내 차 소리만 듣고도 알고 있는지 쏜살같이 달려와 양쪽으로 차를 에워싸는 것이었다. 참으로 속없고 정신 나간 사람보다 몇백 배 낫다는 생각이 들 때가 한두 번이 아니다.

어느덧 봄소식을 알려주듯 교육장 담 옆으론 농군들이 밭을 갈고 씨앗을 뿌리는 풍경이 들어오고 있다. 그리고 얼마 안 지나서 밭에는 검은 비닐이 씌워져 있다.

어느 날 교육장에서 나오는데 밭에서 일하시는 어르신께서 밭에서 나오는 나를 보고는 “선생님! 이제 저 강아지들을 묶어 놓으셔야 합니다. 저놈들이 뛰쳐나와 밭을 헤집고 다니거든요. 글고 차길로 나오면 차에 치일 우려가 있습니다.”하고 말씀하시는 것이었다. 난 듣는 순간 옳은 말씀이다 생각하고 “아~ 예! 죄송합니다. 그렇게 하겠습니다.”라고 대답을 하였다.

그길로 난 철물점에 가서 개 줄을 두 개 사가지고 와서 두 놈들을 묶어 놓았다. 그랬더니 자유롭게 지내다 묶어 놓는 순간, 두 놈들은 짖어대며 구르고 난리가 난 것이었다. 원래 그럴 거라는 것을 사전에 들어 알고 있었지만 두 마리가 난리를 치니 시끄러워도 보통 시끄러운 게 아니다.

한 이틀만 지나면 적응한다는 것이 경험자들의 말이다. 그러던 중 해괴한 일이 생겼다. 글쎄 영희란 놈이 발악을 하다 줄이 풀어져 어디론가 없어진 것이었다. 난 이놈이 어디 가서 뭔 일을 저지르지나 않을까 걱정하며 찾으러 다녔는데 도저히 찾을 수 없어 포기하고 집으로 돌아왔다. 그런데 저녁 무렵에 줄을 질질 끌고 자기 집으로 돌아온 것이었다. 난 반가워 머리를 쓰다듬어 주며 생각했다. 나 같으면 안 들어 올 텐데 다시 돌아온 걸 보니 역시 개는 개구나 싶었다. 난 다시 영희를 묶어 놓았다. 순간 또다시 영희는 짖으며 뒹굴고 난리를 친다. 그렇게 이틀이 지나자 정말 요놈들이 적응을 해서인지 조용해졌다. 줄에 묶여 있을 뿐 전과 같이 꼬리치며 생활하는 것이다.

그렇게 지내고 있는데 어느 날 문산의 신 회장이 오셔서 영희를 보더니 새끼가 들어선 것 같다는 것이었다. 그때서야 나는 영희 배를 자세히 살펴보니 배가 불쑥 나온 게 작아서 그런지 배가 땅에 닿을 것 같았다. 신 회장은 배를 보고는 세 마리 정도 새끼를 가진 거 같다는 것이다. 난 어찌 됐든 새끼를 가졌다니 기분이 좋았다.

그러나저러나 저놈이 묶여 있는데 도대체 언제 누구와 붙었단 말인가 철수는 묶여 있어 아닐 것이고 그렇다고 그냥 생길 리는 없고, 궁금해서 곰곰히 생각에 빠지다가 문득 요놈들을 묶어놓기 얼마 전에 종자로 보아 요놈들 비슷한 개가 들어와 어물쩍거리자 철수가 짖는 광경을 목격한 적이 있었다.

내가 자주 나가다시피 했으니 그 후 사정은 잘 모르겠고 분명 그놈이 영희와 사랑을 나눈 것이 분명하다는 생각이 들었다. 그 후 나는 배속의 어린 생명을 위해 영희에게 영양가 있는 음식을 공수해다 주기 바빴다.

5월 중순 경인 어느 날, 난 서울 사무실로 업무차 일찍 나섰다. 여느 때와 같이 철수는 나와서 꼬리치며 반기는데 영희란 놈은 자기 집에서 나오지도 않고 무엇인가 입으로 핥고 있는 것이었다. 난 의아해서 영희야! 왜 그러느냐 하며 다가가니 새끼를 낳아 입으로 핥아 주고 있는 것이었다.

난 놀라움 반 기쁨 반으로 신이 나서 들고 나가려던 봉투를 현관문을 열어 던져 놓고 영희 곁으로 가서 새끼를 꺼내보았다. 한 마리인데 너무 작아 손바닥에 올려놓으니 내 엄지손가락만 하다. 너무 신기하여 자세히 살펴보니 암놈이었다. 새끼를 안에 넣어주며 수고했다! 영희야! 하는데 영희는 출산의 고통을 느끼는지 자세를 취하며 또 하나의 새끼를 낳고 있는 것이다. 그리고는 탯줄을 입으로 끊고는 조금 전과 같이 자기 입으로 열심히 핥아 주는 것이다. 난 또 새끼를 꺼내보니 이번엔 숫놈이었다. 난 한 쌍을 낳았다고 좋아하며 새끼를 넣어주는데 영희는 또다시 자세를 취하며 새끼를 낳는 것이다.

순간 신 회장님이 세 마리 정도 새끼가 들어 있을 것이란 말이 생각나 그때는 대수롭게 생각 안하고 아하 또 낳는구나라고 생각했다. 영희는 또다시 새끼를 낳아 탯줄을 끊고 입으로 핥아 주는 것이었다. 난 궁금하여 새끼를 꺼내 확인해 보니 이번엔 암놈이었다. 난 싱글벙글 웃으며 좋아하는데 또다시 영희는 자세를 취하고 또 새끼를 낳는 것이었다. 난 신 회장님이 틀렸구나! 세 마리가 아니고 네 마리인걸 하며 난 또 새끼를 꺼내 살펴보니 이번엔 숫놈이었다.

난 공교롭게 암수를 교대로 낳는 게 신기해하며 좋아하는데 또다시 영희는 자세를 취하는 것이었다. 순간 나는 기가 막혔다 저 조그마한 체구에서 어떻게 새끼를 그렇게 많이 낳을 수 있단 말인가 그러나 그건 나의 이른 착각이었다.

이제는 끝이겠구나 하면 영희는 자세를 취하고 계속해서 장장 여덟 마리나 낳은 것이다. 정말 황당하기가 그지없고 어이가 없을 뿐이다. 난 이 기막힌 소식을 혼자 알고 있기가 너무 입이 간지러워 핸드폰의 전파를 타고 온 세상에 전해야 했다.

어찌 됐든 여덟 마리의 새끼를 낳은 바람에 기구한 나의 팔자는 더 세져야 했다. 산모의 산후조리를 하기 위해 팔자에 없는 미역과 소고기를 사다 미역국을 끓이는가 하면 칼슘 부족으로 새끼들의 영양 상태가 좋지 않을까 봐 멸치를 사다 곱게 빻아 먹였고 또 우유를 왕창 사다 먹이곤 했다. 지극정성으로 나는 쇠골이 빠지고 허약해졌는데 반대로 산모인 영희와 새끼 여덟 마리는 살이 포동포동 보기 좋게 쪄가고 있었다. 아마 개나라 청와대에서 견민을 위해 수고했다고 상이라도 줘야 할 것이다.

그렇게 지대한 나의 관심 속에 여덟 마리의 새끼들은 사고 없이 무럭무럭 자라났다. 이제는 벌써 어미의 젖을 떼고 사료를 먹는다. 식솔들이 열 명이니 먹는 양도 만만치 않다.

아침 운동 길에 뒤를 돌아보면 열 마리의 개들이 쫓아온다. 천군만마가 부럽지 않다. 교육장 안에는 청솔모를 비롯하여 토끼, 꿩, 고라니 등 많이 있다. 거기다 열 마리의 개들이 있으니 동물의 왕국이 따로 없다. 난 자기 전에 강아지들 점호를 취한다. 숫자를 확인하기 위해서다. 그러던 어느 날 서울 사무실에 나가려고 개들의 숫자를 세어 보니 세 마리가 없는 것이었다. 그 넓은 곳을 다 뒤지고 다녀도 찾을 수가 없었다. 그러다 문득 혹시 뒷산의 하수도 맨홀에 빠지지 않았나 싶어 갔더니 그곳에 세 마리가 빠져 낑낑대고 있는 것이었다. 엄청 깊은 맨홀에 빠졌으니 건져 올릴 방법이 없어 고민하다 쇼핑백에 과자를 넣고 줄에 매달아 밑으로 내려보냈다. 그랬더니 세 마리가 몰려들었는데 한 마리민 쇼핑백으로 들어가고 두 마리는 곁에서 돌고 있는 것이다. 나는 하는 수 없이 한 마리만 들어 올려 구조를 했는데 다시 쇼핑백을 내려보냈건만 요놈들이 놀랐는지 어디로 숨고 나오질 않는 것이다. 난 고민하고 고민하다 맨홀과 연결된 통로를 찾아야 했으며 그 홀 구멍으로 기어들어 가 어둠 속에서 헤매다 간신히 두 마리를 찾아 구조하게 된 것이다. 그렇게 개 식구들이 많다 보니 별별 사연들이 많았다.

또 한 번은 인접 부대에서 훈련 중 밤새 행군하다 새벽에 들려 교육장 안에서 쉬고 그날 저녁에 출동하는 훈련이라고 협조를 해 달라는 것이었다. 그래서 그날 1개 대대 병력이 교육장 안으로 들어왔는데 그 후 아침나절에 강아지 여덟 마리가 몽땅 없어진 것이다. 난 부르다 지쳐 병사들이 쉬고 있는 막사 쪽으로 가보니 내무반마다 강아지 한두 마리씩 다 있는 것이다. 한 내무반에 갔더니 여군 부사관이 귀엽다며 두 마리를 안고 있으며 또 다른 내무반에서는 병사들 가운데서 귀여움을 받고 있는 것이다.

그렇게 잘 있는 것을 확인하고 돌아왔는데 나중에 병사들은 개한테 주라며 우유와 건빵을 아예 상자째 내려놓고 가는 것이었다. 그때는 그렇게 귀염받고 자기들 먹을 건 자기들이 해결한 적도 있었다.

그러나 얼마 후 이 개들로 인해 안타까워하며 가슴 저린 일이 생겼다. 내가 업무차 나갈 때면 차를 타고 내려가 정문 옆에다 세워 놓고 나가곤 한다. 그러면 늦게 들어와도 차를 타고 쉽게 올라오기 위해서다. 그날도 그렇게 정문 옆에다 대고 서울에 가서 일을 보고 어두워지려 할 때 난 교육장으로 들어와 자동차 시동을 걸고 앞으로 나가려 바퀴가 돌아가는 순간 뒷바퀴에서 이상한 신음과 함께 물컹 넘기는 듯한 느낌을 느껴야 했다. 그와 동시에 깨갱 하며 무언가 시커먼 게 연병장 쪽으로 쏜살같이 내뛰는 거였다. 난 이상하게 생각하고는 차에서 내려 살폈더니 글쎄 영희 새끼 한 마리가 차바퀴가 넘어간 자리에서 푸르르거리며 죽어 가는 것이었다. 나는 놀라 얼른 강아지를 안고 검둥아! 검둥아! 하고 목메어 부르니 힘이 쭉 빠진 채 죽은 것이었다. 난 다 키워놓고 내 손으로 죽이는 것이 너무 안타깝고 기가 막혀 가슴 저리며 울어야 했다.

그동안 강아지들은 밑에까지는 내려오지 않았는데 그날따라 밑으로 내려와 날 기다리다가 차 밑에서 변을 당한 것이다. 원래 두 마리가 내려와 있었는데 한 마리는 바퀴가 움직이자 소리를 내고 연병장 쪽으로 달아나고 이 한 마리는 차 바퀴에 깔려 죽은 것이다.

난 하는 수 없이 삽을 가지고 산으로 올라가 검둥이를 묻어 주었다. 그리고 그 위에다 나무로 십자가를 만들어 걸어 놓았다. 다음날 아침 난 운동을 하다. 검둥이가 묻혀 있는 곳으로 갔다. 그때 아홉 마리 강아지들도 나를 따라온 것이다. 나는 검둥이의 죽음을 애도하고 좋은 곳에 가라고 기도했건만, 함께 자리한 검둥이 어미인 영희와 형제들은 어떠한 마음이었을까 궁금하기만 했다.

날이 풀리자 교육장에 엑스포 박람회를 개최하기로 협약을 하였다. 그래서 새롭게 단장하기 위해 사무실과 행사 인원 숙소를 막사 안에 준비하고 개들을 몽땅 옮겼다. 머지않아 강아지들을 모두 분양시키고 철수와 영희하고 헤어질 생각하니 이만저만 서

운한 게 아니다. 한때 가족 구성원으로 그들과 함께 정을 붙이고 온갖 추억을 같이했는데 이제 헤어져야 한다니 못 견딜 것 같아서이다.

난 철수와 영희를 도저히 쳐다볼 용기가 없어 교육장 직원들에게 어디론가 보내라고 했던 것이다. 그렇게 그동안 철수 그리고 영희와 함께 했던 모든 일들은 가슴에 묻어 두고 추억으로 남겨야 했다. 그리고 나는 숙소를 교육장 밖에 원룸을 얻어 옮겨야 했다.

생일음식 아끼다 저승문턱 갔다 온 사연

얼마 전 나의 생일이라고 식구들이 먹을 것을 가득 싣고 혼자 있는 원룸으로 찾아왔다. 그곳에서 간단하게나마 상을 차려놓고 생일 음식을 맛보아야 했다. 그리고 마련해 온 갖가지의 음식을 냉장고에 넣고 식구들은 갔는데 나돌아다니느라 바빠서 먹을 기회가 없었다.

며칠이 지나서 몇 가지를 꺼내 먹었는데 그날 저녁에 배가 아프고 복통이 일어나 죽는 줄만 알았다. 식중독에 걸린 것이다.

난 그때까지 모든 음식이 냉장고에 들어가면 쉬지 않는 줄 알았다. 그런데 어찌 되었는지 쉬어 버린 것이다.

밤새도록 끙끙 앓고 나니 눈이 푹 들어간 게 몰골이 말이 아니다. 며칠을 속을 비우고 끙끙 앓고 나니 갑자기 된장찌개가 먹고 싶어지는 것이었다.

된장찌개를 꼭 먹어야겠다는 굳은 신념으로 평소 다녔던 숙소 근처 식당에 갔더니 11시 30분에 오라는 것이었다.

그래서 된장찌개를 빨리 먹어야겠다는 마음을 지울 수 없어 그 식당을 나와 고개 너머 법흥리로 가다 보니 제법 큰 식당이 보였다. 간판에 아침 식사 됩니다. 바깥 유리에는 된장찌개 육천 원이라고 쓰여 있었다. 어찌 됐든 아! 된장찌개 먹는구나. 심봤다! 할렐루야!

잠시 후 한상 놓였는데 각종 젓갈, 게장 등 반찬이 열 개나 나오고 거기다 냄비에 된장찌개가 불에 끓고 있었고 그 후 밥과 함께 계란후라이까지 내놓는 것이었다. 한마디로 진수성찬이었다. 그런데 그 후부터 일이 묘하게 진행되고 말았다.

된장찌개도 엄청 크고 많고 반찬도 많은데 막상 수저를 드니 도저히 입에 들어가질 않는 것이다. 학수고대하며 기대했던 그 된장 맛은 나질 않고 오히려 토할 것만 같았다. 순간 목에서 넘기질 못해 당장 그 자리를 박차고 일어서고 싶은 마음만 간절할 뿐이다. 하필 주변 자리에는 손님이라곤 나 하나 밖에 없고 주방에서 힐끔거리며 쳐다보던 주방 할매인 줄 알았던, 눈이 확 째지고 뚱뚱한 할매는 이내 내 곁으로 다가와 마치 자기가 주인인 걸 과시하듯 홀에서 일하는 아줌마를 제치고는 처음 봤는데도 아는 체하며 밥을 더 드시라는 둥, 필요한 거 있으면 말하라는 둥 정말 환장해 미치는 순간이었다.

과잉 친절과 보호관찰 속에 지지를 받으며 아픈데도 불구하고 밥을 먹으려니 바로 그것이 진정 고문이라는 것을 실감하였다. 그래! 먹자! 먹어서 남 주나! 하고 굳게 다짐하고는 맛없는 찌개와 젓갈 등 몇 가지를 마구 입에 넣고 어찌 됐든 식은땀을 흘리며 밥 한 그릇을 깨끗이 비우게 되었다. 그리고 속으로는 내 이 집 두번 다시 오나봐라 하고 별별 생각도 다 했다.

어찌 됐든 다 먹었으니 마무리를 잘 하여야 하겠기에,

"아휴 잘 먹었습니다. 혼자 먹는데 찬이 너무 많네요." 했더니

이 말에 주인 할매는 자랑이라도 하듯

"지금 준비 중이라 그렇지 몇 가지 더 나와요."

기가 막혔다. 맛대가리 없어 하나도 건드리지 않았는데 몇 가지 더 있다니 이 대목이야말로 양보다 질이라는 것에 실감 나는

대목이다.

그래도 명색이 뼈대 있는 양반 가문의 후손인 나는 건드리지도 않은 계란후라이 등을 가리키며,

“평소에 내가 다 잘 먹는 것들인데 오늘은 몇 가지 밖에 못 먹겠네요. 죄송합니다. 실은 며칠 전 식중독으로 병이 나 여태껏 하나도 먹지 못하고 앓다가 오늘 아침은 된장찌개 생각이 간절해 먹으러 왔거든요 암튼 잘 먹었습니다.”

이 말은 들은 주인 할매는 가엾게 봤던지 때 거르지 말고 뭐든지 먹고 싶은 거 해줄 테니까 언제든 오라는 것이었다. 물론 공짜는 아니겠지만. 나는 밥값을 지불하려고 만 원짜리를 꺼내 들고 접대멘트라 할까 립서비스를 날렸다.

“가끔 혼자 식사하러 다니려니 좀 미안하고 바쁠 땐 죄송스럽더라구요. 더구나 카드로 내밀려니 어색해서 아예 밥값을 지불하려고 현금을 넣고 다녀요.” 나의 이 한마디에 감동을 받았는지

“아유! 아무거나 뭐! 어때요? 편한대로 하는 거지.”

하고는 갑자기 쏜살같이 옆방으로 들어가더니 무엇인가를 한 뭉치를 두 손에 들고나오는 것이었다. 그리고 나를 향해 바라보며 말하는 것이었다.

“요게 수세미 넣고, 호박 넣고, 배 넣고, 약재 넣고, 푹 다린 거

니까 이거 먹어봐요. 위가 금방 가라앉을 테니까."하고는 나의 손에 덥석 쥐여주는 것이었다.

"이 귀한 걸 그냥 주셔도 되나요? 감사합니다. 잘 먹겠습니다."

물건을 받아들고 식당 밖을 나오는 나는 자신에게 창피했다. 좀전만 해도 맛없다고 두번 다시 안오겠다던 나란 놈이 글쎄 뚱뚱하고 눈이 쭉 째진 주방 할매라고 처음에 표현했는데, 지금 이 순간은 김을동 할매처럼 인자해 보이는 게 나도 참 간사하고 속빈 인간이긴 하다. 하긴 고맙지! 객지의 나를 순간이나마 걱정해주고 신경 쓰며 표현해준단 것이 얼마나 고마운가!

그리고 긍정적으로 생각했다. 그래 내가 아파서 입맛이 변해서 맛이 없어 그렇게 느낀 걸 거야. 다음에 다른 것을 먹으러 오면 알 수 있겠지 하며 그길로 나는 차를 몰고 돌아왔다.

나 홀로의 진짜 황당했던 순간들

가족들과 멀리 떨어져 혼자 생활하다 보니 갖가지 황당하고 기가 막힌 사연들을 접하게 되었다.

그때가 5월 8일 어버이날이다. 아침에 나가려는데 큰딸이 전화를 했다. 근황(近況)을 묻고는 외손자 민섭이를 바꾸어 주어 한참을 재잘거리며 통화를 하였다. 민섭이는 이제 한참 말을 배워야 할 때니 내 말을 듣는 것보다는 자기 할 말만 실컷 하는 것이었다.

그렇게 통화를 끝내고 교육장으로 나가게 되었다. 걸으며 문득 그래도 '어버이날'이라고 큰딸이 전화를 했구나 하며 생각하다 작은딸 소리를 떠올렸다. 요놈의 딸내미는 전화도 없고 꼭 제 어미 닮아 좀 무디다니까. 이런 생각을 하다 교육장 앞에 자주 다니는 편의점에 담배 하나 사려고 들렀다.

평소 안면 있는 편의점 여주인은 반가운 마음에 환한 미소로 목례를 하며 인사의 말을 하는 것이었다.

"원장님! 오늘 어버이날인데 원장님이 여기 떨어져 있으니까, 자식들이 전화하고 연락이 왔겠네요."

"예. 큰딸이 아침에 전화 했더라고요."

이 말에 편의점 여주인은 갸우뚱거리며…

"자식 분들은 몇이나 두셨는데요?"

편의점 여주인이 관심을 가지고 묻길래,

"딸 둘이요. 큰딸은 몇 해 전에 결혼해서 출가했고, 제 엄마가 난 작은 딸은 직장 다니지요. 그놈은 전화를 잘 안합니다."

그랬더니 편의점 여주인 왈,

"아! 사모님이 데리고 들어온 딸이군요."

엑! 참으로 황당하고 어이상실이다.

또 언제부터인가 변비가 심해 고통이 심했다. 그러던 어느 일요일. 그날은 별 일정이 없어 마음 놓고 쉬기로 하였다. 느지막이 일어나 용변을 보고자 시간을 맞추려고 참고 참다가 갑자기 배가 살살 쓰리며 소식이 오는 것 같았다.

그 길로 후다닥 담배를 물고 화장실로 들어갔다.

힘을 주어 가며 큰 것을 끊어 내려는 순간! 별안간 초인 벨 소리가 울리는 것이었다. 혹시 집주인인가 하는 의구심에 그래 집주인이면 형광등 고장난 거 얘기를 해야겠다고 생각하고 거의 나와 가는 거시기를 멈춘 채 급하게 나와 파자마를 입고 현관문을 삐쭉 열며,

"누구세요?" 하고 물으니

"여호와증인 왕국에서 왔습니다."라는 여인네의 음성이 들려오는 거였다.

순간! 너무 열나고 성질나는 것이다.

"여태껏 저승사자일 끝내고 이제부터는 자야 합니다."하고 답하고는 다시 문을 닫아버렸다. 정말 김새는 순간이다. 에고! 그나저나 다시 들어간 거시기는 어찌 불러 끊어버린단 말인가!

또 어느 날 인가는 국방부 시설본부 담당자가 계약 만료 두 달 남겨놓고, 그동안 잊고 그랬는지 아니면 무슨 감사에라도 지적을

당했는지 3일 내로 화재보험을 들고 영수증을 보내달라고 공문(公文)을 보낸 것이다.

성질을 부려 지랄 발광을 해 버릴까 하다 참고 보험회사로 전화하니 다행히 그리 까다롭지 않게 전화로 가입할 수 있었다. 그래서 그들이 원하는 금액을 보내고 그날로 보험을 들었다.

다음날 점심 때쯤 교육장엘 갔는데 뭔가 탄내가 나는 것이다. 사무실에 들어가 젊은 친구들한테 물으니 청소하고 쓰레기 태우다 불이 번져 산 쪽으로 번져 나가자 급한 나머지 119에 신고를 했다는 것이다. 그래서 대형 소방차 2대가 와서 물을 뿌리고 해서 껐다는 것이다.

세상에 이럴 수가! 까마귀 날자 배 떨어진다고 화재보험 들자마자 불이라니, 황당하고도 보통 황당한 게 아니었다.

또 며칠 뒤에는 군자동 사무실 갔다 오는 길에 버스에서 내려 담배 한 갑을 사려고 이마트에 들렀다. 달랑 담배만 사기가 거시기해 매장을 둘러보았다.

그런데 아이스크림 냉장고 앞을 지나는데 대형 냉장고 위에 쎄일 10개 3,700원! 이렇게 써 있는 것이었다.

그 순간 얼마 전 문산 신 회장님 사모님께서 대형마트에서 쎄일 아이스크림을 몽땅 사는 것을 본 것이 떠올라 '그래! 날도 더운데 잘됐다. 이 기회에 사다 냉장고에 넣어두자'라고 생각하고는 난 흰 비닐봉지에 옛 추억을 더듬어 열두시에 만나요 브라보콘 6개, 누가바 4개를 과감히 담아 계산대로 갔다. 추가로 담배를 주문하고 계산하는데 글쎄, 눈꼴이 올라간 아줌마 왈, 누가바를 찍으며 "요건 할인되는데 요건 할인 안 되는 거 아시죠?" 하는 거였다. 황당하여 난 "아! 예."하고 계산을 했다. 나중에 계산서를 보니 브라보콘 1,100원 누가바 700원이라고 찍혀 있는 것이었다.

원래 값도 몰랐던 나였지만, 쎄일이란 글에 뭐도 모르는 것이 남 흉내 내다 아이스크림만 원없이 빨고 말았다.

그런 일이 있고 난 후 북한 김정은이 핵미사일을 쏘겠다고 연일 으름장을 놓길래 염병할 놈이 지랄하고 꼴값 떨고 자빠졌네. 쏠 테면 쏘든지...

에라! 모르겠다. 잠이나 자자고 불 끄고 침대에 쓰러졌다. 깊은 잠이 든 어둠이 짙은 새벽 3시경에 갑자기 머리 위의 창가에서 펑! 하고 지축이 흔들릴 정도의 폭발음이 들리는 것이었다.

순간 깜짝 놀라 침대에서 굴러떨어지며, 그놈이 진짜 쏘았나보다 하며 조용히 방바닥에 숨을 죽이며 상황을 주시하는데 웬일인지 폭음소리가 나지 않고 주변이 너무 조용한 것이었다.

이상하다고 생각하여 일어나 불을 켜고 베란다 미닫이문을 여니 냉장고 문이 열려 있고 온통 검은색의 얼음 파편이 튀어 온통 범벅이 되어 있는 것이었다.

순간 아뿔싸! 그것은 저녁에 캔 콜라를 시원하게 먹는다고 냉동실에 넣어 두었다. 깜박 잊고 꺼내질 않았는데 글쎄 그놈이 터져버린 것이었다.

자라 보고 놀란 가슴 솥뚜껑 보고 놀란다더니… 젠장! 전방지역에서 지내다 보니 별의별 사연 다 만들고 있는 것이다.

얼마나 맛이 있길래

자유로를 타고 성동 인터체인지로 나오면 주변에 파주시 오두산 통일전망대가 있고 프로방스가 위치한다. 그리고 헤이리 문화예술의 마을이 있고, 그 옆으로 경기 영어마을이 있다.

주말이면 이곳을 찾는 사람들로 문전성시를 이룬다. 바로 이곳에서 금촌 방향으로 고개를 넘다보면 갈월동이라는 곳이 있는데 바로 이 동네에 3대가 운영하는 원조(元祖)할머니 국숫집이 있다. 큰 도로에서 들어가 구석에 위치해 있는데 오랜 세월의 흐름을 말해주듯이 건물 외관은 오래전 블록으로 만든 주택으로 척 보아도 쾌쾌묵은 재래식 느낌을 주는 곳이다.

조그만 홀에 길쭉한 방과 뒤로 비닐하우스를 쳐 놓은 게 이 집의 전체 구조이다. 그런 이 집이 오랜 전통을 가지고 맛이 있다고 손님들이 몰리고 또 소문이 나자 점심 때부터 저녁까지 항시 손님들이 바글바글하는 것이다.

나도 가끔 옛날 국수 맛이 생각나면 이 집으로 잔치국수를 먹으러 가곤 하는데 갈 때마다 줄을 서야 먹을 수 있는 것이다.

이것을 본 어떤 사람이 앞에 큰 도로에 주차장을 겸비한 대형 손칼국수 집을 차렸는데도 일 년간 손님이 없자 어느 날 지나 가다보니 대형 현수막에 음식값을 대폭 인하한다고 걸어놓은 것이 보였다. 그런데도 구석의 할머니 국숫집 식당에는 줄을 서면서 문전성시를 이루는데 반면에 크고 깨끗하게 지은 신식 건물의 이 식당에는 손님이 하나도 없는 것이었다. 그러자 그 식당은 결국 다른 메뉴로 간판을 바꿔버렸다.

지난 여름날이다. 손님이 찾아와 우리는 할머니 식당으로 콩국수를 먹으러 갔다. 우린 그 식당을 자주 가는지라 이삼십 분 정도 줄서서 기다릴 각오를 하고 가는 것이다. 그때도 여김 없이 빽빽이 줄이 길게 이어져 있었다.

먹는 것도 중요하지만 무더운 날 땡볕에 서서 줄서는 것도 곤욕이었다. 그때 나의 바로 앞에는 30대 중후반의 젊은 부부가 어린 아이들 두 명과 줄을 서고 있었다.

애 아빠는 한참을 기다리는 게 짜증 났던지 아내에게

"이렇게 줄을 서면서 꼭 먹어야 하는 거야? 그냥 딴 데로 가지" 하며 투덜대는 것이다. 아내는 남편의 눈치를 살피며 "기왕 줄 서고 기다렸는데 좀 참아봐. 이 집 음식 맛있다니까" 하며 남편을 달래는 것이었다.

그들의 하는 말의 내용을 들어보니 아내는 먼저 이 식당을 다녀갔던 사람이고 맛있다고 남편과 아이들을 데리고 이 식당으로 안내한 것 같았다.

그렇게 줄 서서 기다리는데 식당 안에서 젊은 총각이 나와 번호표를 주는 것이었다. 이 번호표는 순서이기 전에 입장이 다가왔다는 암시(暗示)이기도 한 것이다. 안에 있는 손님들이 식사를 끝내고 나가면 이 번호표를 들고 좌석 배정을 받는 것이다. 10번 단위로 끊어서 주는데 어찌 됐든 곧 들어가겠구나고 마음이 놓이는 것이다.

줄은 한 팀씩 들어가고는 바로 앞 젊은 부부와 아이들 앞에서 끊어졌다. 아이들의 이마엔 땀방울이 소복이 나 있는 것이 안쓰러웠다.

그때 젊은 총각이 나와 입장하라고 하나보다라고 생각했는데 어찌 된 일인지 입 간판을 치우고 문을 닫으며 별안간 청천벽력 같은 말을 하는 것이다. 정말 상상도 못할 황당하고 기가 막히는 일이 일어난 것이다.

"죄송합니다. 제 할아버지께서 방금 돌아가셔서 영업을 중지하게 되었습니다. 손님들께서 양해를 해주시기 바랍니다."라고 말하니 어이없어 한참을 멍했다. 그렇지만 할 수 없는 일 아니겠는가! 집안에 어르신이 돌아가셨다는데 이해해야지 하고 생각했다. 그러나 무엇보다 걱정이 되는 게 있었다. 바로 앞의 젊은 부부들이다. 그러지 않아도 애 아빠가 기다리며 투덜거리는 게 심각하였는데 그들의 표정을 보니 아니나 다를까 그들도 기가 막혀 어안이 벙벙 말문이 막혀 가만히 있다가 순간 남편은 아내에게 한참을 째려보더니 획하고는 말없이 차로 가는 것이었다.

그것을 보는 나는 더 조바심에 아슬아슬 불안하기만 하였다. 세상 살다 보면 별의별 우여곡절이 생기게 마련인데 순간순간 성질나는 대로 살 수는 없지 않겠는가? 제발 그들에게 아무 일이 없길 바랄 뿐이었다.

사람은 살아가는 동안 수많은 난관(難關)에 부딪히게 된다. 그럴 때마다 지혜롭고 슬기롭게 헤쳐나가야 하는 것이 인생사(人生事)인 것이다. 그런데도 불구하고 하찮은 일에 신경질을 내고 열을 올린다면 인생 항로는 삐거덕거릴 수밖에 없기 마련이다.

위암 말기의 젊은 회원을 떠나보내며...

살다 보면 인간 만사가 새옹지마(塞翁之馬)라 하였거늘 그것도 다 살아 숨쉬고 있을 때 하는 말이다.

이미 죽은 다음에는 그에 대해 할 말이 없다. 용기를 북돋아 주어 희망적인 이야기를 할 수도 없고 왜 그러느냐고 핀잔을 줄 수도 없다. 그 어디에 대고 할 말이 없는 것이다. 다만 한창때 사람답게 살려는데 수명(壽命)도 못 채우고 먼저 떠나간 데에 대하여 안타깝고 애통(哀痛)할 뿐이다. 마흔 다섯의 나이에 죽음의 길로 간다는 것은 억울하기 때문이다.

물론 불의(不意)의 사고로 어처구니없이 죽는 경우도 수없이 많지만, 일상적으로 살다가 전혀 예기치 않은 일로 자기 삶을 저버린다면 죽은 자는 말이 없지만, 곁에서 함께 해왔던 사람은 애달프도록 가슴 아프고 그립고 안타까워 못 견디는 것이다.

얼마 전 나는 오랫동안을 함께 한 젊은 회원을 위암 말기로 먼저 하늘나라로 보내야 했다. 불과 두어 달 사이에 일어난 일이라 꿈을 꾸는 것만 같고 도저히 믿기지 않아 실감이 나질 않는다.

금년에 마흔다섯인 성명호는 건장한 체구에 호남형의 사나이다. 그는 상주 출생으로 구미의 금호공고를 나와 해군 부사관이 되어 한때 태평양을 주름잡다가 중사로 전역을 했다. 그리고 하고 싶은 일이었다며 여행사 일을 배웠다. 그리고 세계 각국(各國)을 다니며 여행자들의 가이드가 되어 경험을 쌓다가 친구와 여행사를 운영하게 되었다.

그 당시 미혼인 그는 여행사 일을 하면서 조그만 가게를 얻어 저렴하게 먹을 수 있는 '오징어 뒷다리'란 횟집을 했다. 여행사에서 퇴근하면 저녁에 다시 가게로 출근하여 해군의 기질을 살려 회를 뜨고 했던 것이다. 바로 그때 그를 만났으니 15년이 넘는 것 같다.

구의동 집 근처에서 편집 사무실을 운영하고 있을 때 외출하고 들어올 때면 동네 길 모서리에 오징어 뒷다리란 간판이 눈에 들어온다. 밖에는 가게 규모에 맞는 정도의 수족관이 보이며 그 안에는 많은 오징어들이 다리를 펼치고 보는 이를 유혹하듯 춤을 추는 듯 너울거리며 다니고 있는 게 보인다. 많은 사람들이 부담 없이 들어가 오징어 안주에 소주 한잔하는 것이다.

참새가 방앗간을 지나갈 수 없듯이 나도 오징어에 소주 한잔하러 드나들다 보니 서로를 알게 되어 친하게 된 것이다.

그 후 그는 군에서 활동하는 나의 백암산패밀리의 내력을 알고는 관심을 갖게 되었다. 자신도 군에 대한 추억을 더듬으며 비영리 민간단체인 백암산패밀리의 일원이 되어 많은 일을 해왔던 것이다. 전방부대 참여는 물론이요 행사 때마다 여행사의 거래처인 광명 관광버스를 착오 없이 운행할 수 있도록 추진하였다. 그러다 보니 행사 때마다 광명관광과 동참한 것이 십수 년이 흘러간 것이다.

성명호가 결혼하여 화곡동에 신접살이를 하고 자리를 잡자 투잡이었던 오징어 뒷다리 횟집은 정리하고 여행사 일에만 몰두하였다.

나는 간간이 시내에 나갈 때면 그를 만나 식사를 하며 소주 한잔하곤 했다. 그렇게 십수 년을 함께 해왔던 것이다. 그는 딸 하나를 두었는데 극진히 아꼈다. 여느 가정도 그러하겠지만 특히 그의 딸은 엄마보다 아빠를 유독 더 따랐다고 한다. 때가 되면 전화를 하고 수다를 떤다고 말하곤 했다. 딸이 초등학교에 다니자 입학 때부터 5학년 때까지 그러니까 그가 유명을 달리 할 때까지 비가 오나 눈이 오나 학교에 데려다 주었다는 것이다. 그러다 보니 교장 선생님을 비롯하여 전 선생님들과도 마주치게 되어 이제는 모두 다 알고 지낸다는 거였다. 그렇게 세심하고 부지런한 사람인 것이다.

내가 안보 교육장 운영 때문에 파주에 있다 보니 간간이 서울에 나가게 된다. 그때에 연락을 하게 되면 꼭 들르라고 하여 얼굴을 맞대고 이런저런 이야기를 하며 식사를 하고 술 한잔하고 들어온다. 그렇게 한 달에 두 번은 만났다.

그러던 어느 날이다 그날도 서울에 나간 김에 만나서 식사를 하며 술 한 잔을 곁들였는데 그날따라 유독 그의 눈 하얀 부분이 황달 색으로 심하다 싶을 정도로 보이는 것이었다. 난 왜 그러느냐고 말하며 병원에 한번 가보라 했다. 그도 요사이 나처럼 그렇게 말해주는 사람이 많다고 그러지 않아도 병원에 갈 거라고 하는 것이었다. 그리고 그날은 그렇게 헤어졌다.

그 후 일주일이 흘렀을까 토요일에 교육장에서 손님을 만났다. 그때 그 손님은 해외 전화를 받게 되었는데 급하게 북경을 가게 되었다. 해서 급하게 이리저리 비행기 표를 구하려 수소문을 하는 것이다. 이를 본 나는 딱하게 여겨 마침 성명호가 생각나 겸사겸사해서 잘되었다 싶어 전화를 했다. 그런데 부재중으로 넘어가며 전화를 받지 않는 것이다. 이상하다 무슨 일이 있어도 전화를 받지 않을 친구가 아닌데 하며 전화를 기다렸는데 전화가 오지 않았다.

나는 할 수 없어 월요일에 다시 전화를 했다. 그랬더니 부인이 받으며 남편이 아산병원에 입원하여 수술을 받고 있다고 하는 것이다. 난 궁금하여 상태를 물으니 위암이라는 것이었다. 순간 난 황당하고 어이없어 한참을 말없이 하늘만 바라보고 멍하니 있었다. 불과 일주일 전에 만나 술 한잔하며 시시덕거리며 떠들고 그랬는데 이게 말이 되는 소리인가! 이제 겨우 40대인데 도저히 믿기지 않았다.

다음날 난 성명호를 보기 위해 급한 발걸음으로 아산병원으로 향했다. 암 하면 신물나고 특히 아산병원은 오래전 나의 군대 고참인 이종현 씨가 투병하다 유명을 달리한 가슴 아픈 사연이 있어 그때의 일들이 새록새록 기억이 되살아나 몹시 기분이 우울하기만 했다.

병원에서 부인의 말은 위암 말기라 어떤 손을 쓸 수가 없다고 눈시울을 적시며 말하는 것이었다. 이런 사실을 아는지 모르는지 오히려 성명호는 의연하고 태연했다. 집에 가서 한약으로 자가 치료를 하며 이겨 나가겠다는 것이다. 그리고는 틈틈이 사무실에 나가 생활비라도 벌겠다는 것이다.

역시 젊음이 뒤받쳐 주니까 패기있는 행동이다라고 생각하고 그래 넌 해낼 수 있어 힘내라 하고 희망을 잃지 않도록 용기를 북돋아 주고 와야 했다.

돌아오는 길에도 난 도저히 기가 막혀 이럴 수가 있나를 연속으로 뇌까리며 어찌할 바를 몰라 답답하기만 했다. 그래서 성명호에게 보내고 또 회원들에게 문자메시지를 보내 심정을 호소하며 토로했다.

성씨 집안에 명호야! 간만에 소식 후 너를 보고 사정을 보고 들으니, 황당, 당황, 어이상실이다.

이건 분명 조물주의 장난이고 너를 실험함이니라! 젠장! 그래 오기로 굳건한 의지로 맞대결 해보자. 한때 성난 파도를 헤치고 태평양을 주름잡던 그 기개와 기백으로 40대 젊음과 패기로 이겨 나가길 응원한다.

사실 귓속에 대고 할 얘긴데, 40대에 창피한 일인 줄 알아라. 그러니 어찌 됐든 나 말고도 많은 사람과 가족과 특히 네가 5년간 학교에 등교시킨 네 딸이 힘내라고 소리치고 있다.

지금 난 답 답, 덮 덮, 멍해져 조물주에 따지려고 소주 한잔한다. 우리 힘을 합쳐 이 싸움 결판내자. 내가 원래 남이 못 하는 거 하고야 마는 성격 아니냐? 우리 훗날 승리 주 마시며 맞짱 뜨자. 그날을 위해 승리를 위해 파이팅!!!

필요하면 언제든지 연락해라. 내가 항시 곁에 있으마.

ps.

간암 말기의 환자 회원의 아산병원을 다녀와서 보낸 글입니다.

이말 밖에 더 이상 할 말이 없어서... 흑흑 엉엉

계획대로 성명호는 집에서 한약을 먹고 운동을 하며 잘 적응하는 것 같았다. 난 전화로나마 자주 통화를 하며 근황을 살폈고 힘내자고 부르짖으며 용기를 북돋아 주었다. 오직 내가 할 수 있는 건 이것뿐이다. 이런 나의 무능(無能)한 소치(所致)에 한탄만 할 뿐이다. 또 그나마 할 수 있는 건 집으로 찾아가 허물어져 가는 그의 얼굴을 마주 보며 몇 마디 내던지는 것이다. 그래서 화곡동 그의 집에 몇 번을 갔었다.

그렇게 두 달을 견디었는데 어느 날 아산병원에 수술을 받으러 간다는 것이다. 그 수술을 받으면 본격적으로 한약을 먹게 된다고 매우 희망적인 말을 했는데 그 말이 마지막이 될 줄을 누가 알았겠는가! 수술을 받다가 하늘나라로 떠나고 그 병원 그 자리가 이 세상과 마지막 의식절차를 치르는 장례식장이 된 것이다. 그래서 나는 이번에는 희망을 주고 용기를 북돋아 주기 위해 가는 게 아니라 마지막으로 이 세상에서 잘 가라고 배웅하러 가는 것이다. 그날 나의 심정을 담은 글을 홈페이지에 올렸다.

지금 백암산패밀리 회원으로 그동안 많은 행사에 공헌을 해왔던 성씨 집안의 명호가 위암이라는 불치 판정 후 두 달 만에 타계하였나이다.

꽃다운 정열의 나이인 사십 중반에도 이런 변을 당할 수 있다는 것에 실감하며 비통하고 애통한 마음 금할 길 없나이다.

이승에서 못다 한 사연을 하늘나라에선 꼭 이루길 바라며 망자의 삼가 명복을 빕니다. 백암산패밀리를 대표하여 마지막을 함께 하렵니다. 흑흑, 엉엉.

되풀이 되는 인생사에 무한(無限)한 허무(虛無)만을 가슴에 안기게 된다. 순서대로 세상에 나와서 목표를 정하고 달성하는 유무에 승패를 겨누며 살다가 어느 날 막연히 떠나는 게 인생살이다. 그러나 그것조차 못 하고 인생 중간에 하직을 해야 하는 운명에 그저 애통(哀痛)하고 비통(悲痛)할 뿐이다. 순서대로라면 내가 먼저 떠나간 자리에 그가 찾아와 애통해야 맞거늘...

인과응보(因果應報)

며칠 전 놀라운 소식을 접해야 했습니다.

문산의 베트남 참전유공자 신재금 회장 집의 사연입니다. 몇 개월 전만 해도 같이 한집에 살았던 사모님 조카가 있었습니다.

그의 이름은 김경식이고 58년 개띠입니다. 그는 오래전 가족에게 버림을 받았는지 아니면 내팽개쳐졌는지는 알 수 없지만 부인과 이혼하고 노동현장 근로자로 떠돌다가 그래도 이모라고 신 회장님 집에 기거한 것입니다.

한때 결혼해 두 딸을 낳았답니다. 그런데 공교롭게도 작은딸 이름이 소리입니다. 부인은 이미 오래전 재가하고 그래도 다행히 두 딸들은 장성해서 좋은 짝을 만나 결혼해 잘 살고 있었습니다.

무슨 사연이지 김경식은 술을 아주 잘 먹습니다. 물론 담배는 필수이고요. 그러니까 벌어서 술을 먹는 거지요. 매일 먹습니다. 나도 그 집에서 두어 번 대작했습니다. 그런데 이 친구 술버릇이 매우 고약합니다. 술을 먹지 않을 땐 수줍음 많고 말도 별로 없는 계집애 같은데 술만 먹으면 꼭 끝에 가서 헐크로 변한답니다. 술주정은 물론이요 안하무인(眼下無人)인 데다 돈을 물 뿌리듯 기분내키는 대로 이니 돈을 모을 수가 없겠지요. 갑자기 내 주변에 그와 흡사한 사람이 있어 떠오르게 하는 장면 올씨다.

그러던 지난해 겨울 어느 날 술 취한 그가 겁대가리를 상실하여 이모부인 신 회장한테 덤비다 더 이상은 못 참겠다는 신 회장 손에 개창나게 나뒹굴게 되었답니다. 신 회장이 누굽니까? 한때 귀신을 때려잡았다던 해병대 출신 아닙니까! 원래 술 못 마시는 그가 참고 참다 끝내 폭발한 것입니다.

민망한 그는 다음날 동네 초입에 조그만 월세방을 얻어 나가게 되었습니다. 그리고는 한 번도 오거나 연락하는 일이 없이 냉기류 속에 어색하게 이웃에서 살았던 것입니다. 그래도 한때 식구였고 맛있는 음식도 나눠 먹던 사이인데 더군다나 아랫놈이 인사 한번 없었다는 것은 한마디로 싸가지가 없는 것이겠지요. 나도 신 회장 집에 갈 때면 몇 번 마주쳐 그때마다 내가 먼저 안부를 묻고 아는 체한 게 바로 엊그제 같습니다.

각설하고…

지금부터가 본론입니다.

며칠 전 안채에서 살고 있던 착하신 집주인 할머니가 맛있는 김치를 담그자 그래도 문간방에 사는 58년 개띠 경식이가 생각나 김치를 들고 가서 문을 두드리니 인기척이 없더란 것입니다. 한참 후 몇 번이고 가서 문을 두드리다 옆의 창문을 열어보니 그때 퀘퀘한 냄새가 밖으로 나오는 게 보통 심각한 게 아니더란 말입니다. 순간 오래 사신 노인답게 이건 시체가 썩어가는 냄새라고 판단하고 곧바로 119로 신고했답니다. 참으로 침착하고 용기있는 올바른 처사이십니다. 이 부분에 경의(敬意)를 표합니다.

그 후부터 야단법석이 났습니다. 119구급대가 떴고 동네 사람들이 모여들었고 당연히 경찰관도 입석했지요. 그리고 문을 부수고 방문을 여니 58년 개띠 경식이는 옷을 벗고 잠자는 자세로 눈뜬 채로 숨이 멎은 채 있더란 말입니다. 그가 숨이 멎어 있던 기간은 소방서 추측 5일에서 7일 사이라고 합니다. 더군다나 전기

장판을 켜고 자다 숨을 거두었으니 오랫동안 시체가 부패(腐敗)되어 형체를 분간 못 할 정도입니다.

바로 이때부터 주인공 국가유공자 파주지회장 신재금 회장님이 등장하십니다.

58년 개띠 경식이의 소식을 들은 신 회장은 신발에 고무 타는 냄새를 풍기며 쏜살같이 달려와 경식이의 뜬눈을 살며시 감겨주고 옷맵시를 다듬어 주고는 119구급차에 태워 경찰서 안치소로 보내고 경식이가 살던 방을 손수 정리했습니다.

이불을 들춰보니 피똥으로 범벅이었고 그것을 혼자 다 치우고, 혹 동네 주민인 집주인에 피해가 가지 않을까 염려 때문에 그 길로 홀아비 살림을 말끔히 혼자 다 치운 것입니다. 이 기회에 싸가지 없는 처조카 마지막 길을 정리해 주신 고생 많이 하신 신 회장께 노고(勞苦)를 치하(致賀)하며 경의를 표합니다.

한편 집주인과 신회장 사모님은 참고인 신분으로 경찰에 출두하여 연고자에 관한 조사를 받아야 했고 수소문 끝에 경식이의 두 딸에게 연락을 하게 되었습니다.

그런데 그다음이 황당무계한 아니 망치로 뒤통수를 맞는 소리가 들리는 것입니다.

두 딸이 하는 말이 "그 인간 잘 뒈졌다."라는 말을 하더란 것입니다. 이 구절은 참 어이없고 기가 막히다 못해 쓰러질 것 같은 말입니다.

후에도 두 딸들은 신 회장께 고생 많이 했다거나 수고했다는 말 한마디는커녕 자기들이 알아서 한다고 상관하지 말라는 것이었습니다. '싸가지는 새끼도 싸가지를 만든다'라고 즉흥적으로 떠올랐습니다.

그 후 절차에 따라 경찰은 국과수에 부검을 의뢰했고 주인공 신 회장은 최소한 돈이 안 들게 하려고 만리마(萬里馬)가 되어 이곳저곳을 뛰어다녔고 그다음 두 딸들은 곧장 장례절차를 생략하고 벽제 화장터로 직행하여 용역업체에 돈 몇 푼 쥐어주고 이름 모를 어느 구석에 유골(遺骨)을 뿌리라 했다 합니다.

천추의 한을 품고 구천을 헤매고 있을 영혼에 이때나마 극락왕생을 기원하나이다.

이 드라마 같은 현실 상황에 몸소 출연하여 온갖 정성을 다해 고생하신 신재금 회장님께 다시금 노고를 치하하며 경의를 표하나이다.

친애하는 나 홀로 여러분!

지금 이 이야기는 아프리카 이야기도 아니요 러시아 고려인도 아니고 중국의 조선족 이야기도 아닌 바로 우리나라의 내 이웃

이야기올시다.

그것도 남의 이야기가 아닌 나의 이야기올시다. 하도 기가 막혀 나 역시 어찌될 줄 몰라 자주 통화하는 신재금 회장께 부탁했습니다. 혹 내 전화가 하루 반나절 동안 통화가 안 되면 빨리 와 문 따라고…

그러니 여러분! 하루라도 사람답게 살다 폼나게 떠납시다!

은행 CD기 부스에 갇힌 황당한 사연

요즘 세계는 과학 문명(科學文明)이 발달하여 사람들이 편리하게 사는 세상인 것만은 틀림없다. 스마트폰으로 화상통화를 하는가 하면 길을 안내하는 내비게이션과 방범(防犯)을 대신하는 CCTV, 산업용 로봇이 사람 대신 일을 하고 무인자동차가 도로를 운행하는 등 편리한 세상이 되었다. 또 얼마 후면 로봇병사들이 등장하여 휴전선 일대 최전방에 투입한다 하니 실로 놀라움에 극찬(極讚)을 이룬다.

이 모든 것이 반세기 안에 이루어졌으니 미래에 발전될 변모(變貌)는 기대감과 함께 두려움마저 들 뿐이다. 그러나 이 모든 과학 문명에 있어 만(萬)에 하나 에러(error)가 난다면 봉변(逢變)을 당하거나 피해를 보는 것은 결국 인간이 될 것이다. 그 만에 하나 에러(error)에 봉변을 당한 사람이 있다면 그는 억세게 재수가 없는 사람일 것이다. 그 억세게 재수 없는 사람이 바로 나 일줄 그 누가 상상이나 했겠는가! 살다 보니 별의별 사연 다 겪었지만 이번 일은 하도 기가 막히고 황당하여 며칠간을 분개(憤慨)하며 씩씩거려야 했다.

지난해 겨울 어느 날의 일이다. 그날은 서울 사무실에서 일을 보고 퇴근 후 시간에는 동대문 근처에서 지인들과 만나 저녁을 먹으며 술자리로 이어졌다. 만나면 늘 그랬듯 세상사 돌아가는 이야기를 나누고 희희낙락(喜喜樂樂)하며 한껏 회포(懷抱)를 푸는가 싶었다.

그렇게 시간이 흐르고 어느 정도 취기가 오르자 아쉬움을 뒤로 한 채 자리에서 일어나 파주 숙소로 향하여 발길을 서둘렀다. 지하철을 타고 홍대역에서 내리고는 출구로 나와 광역버스 정류장으로 가는 중이었다.

대학교 앞이라 그런지 늦은 시간인데도 주변에는 온통 젊은 사람들로 붐비고 상가들은 대낮같이 불을 밝혀 놓으니 별천지 같기만 했다. 마침 학생들이 방학 중이고 성탄절이 다가오니 젊은 기분을 만끽하려 주변을 활보하는가 보다. 그렇게 주변을 보며 버스정류장으로 걸어가는데 옆으로 2층에 KB국민은행이란 불빛의 입간판이 눈에 들어오고 1층에 유리문 안으로 CD기가 보이는 것이었다.

순간 나는 잘되었다고 생각하고 이 기회에 약간의 현금 좀 인출하려고 문을 밀고 들어가 CD기에 카드를 넣었다. 그리고 찾을 금액을 누르고 비밀번호를 누르는데 별안간 온 사방에 불이 나가며 카드가 CD기 속으로 들어가 버리고 나오지 않는 것이었다.

순간 부스에 갇히게 되자 어둠에 공포감은 몰려오고 황당한 일에 당황스러워 어찌할 바를 몰라 했다. 순간 침착하게 주변을 살펴보니 CD기 주변에 가느다란 불빛이 보이며 그 위에 비상 인터폰이 눈에 띄는 것이었다.

나는 수화기를 붙잡고 번호대로 누르니 얼마 후 누군가와 연결이 되어 통화를 할 수 있었다. 그런데 전화 받는 사람이 곤경에 빠진 나에게 하는 말이 더 가관이라 날 화나고 성질나게 하는 것이었다. “아니 은행시간 끝났는데 어떻게 왜 들어가셨습니까?” 라고 하는 것이다. 이 말에 난 성질나서 “아니 은행에 돈 찾으러 들어왔고 엄연히 불이 켜져 있고 문이 열려 있으니 들어왔지 내가 문 닫히고 불 꺼진 은행에 도둑질하러 들어 왔겠소? 의심스러우면 CCTV 확인해보면 될 거 아니오?"하고 내질러버렸다. 그랬더니 조금 태도가 변한 듯 말하는 태도가 다소곳해지는 것이다. 난 자초지종 설명을 했더니 카드를 꺼내주고 문을 열어주러 오겠다고 기다리라는 것이었다.

어찌 됐든 외부와 연락이 되어 카드를 찾고 나가게 되어 다행이다고 안도의 한숨을 쉬고 있는데 15분가량 지나서야 직원이 들어와 카드를 꺼내주고 나가라는 것이었다. 순간 화가 치밀어 올라 소리치며 따졌다.

"아니 은행에서 이런 일이 있을 수 있다는 게 말이 되는 거요? 내가 거지새끼요? 나는 엄연히 이 은행 고객으로 정정당당하게 내 돈 찾으러 왔는데 뭐가 잘못된 거요?" 그랬더니 그 사람 말이 더 기가 막혔다. 난 이 은행 직원이 아니고 용역 경비업체 직원이니 따지려면 은행 직원에게 따지라고 하며 나가라는 것이다. 난 성질이나 "그럼 은행 직원도 아니면서 카드는 빼주고 내쫓으면 되는 거요? 그럼 이곳 책임자를 연결해 주시오. 내 분통 터지고 억울해서 못가겠으니."라고 했더니 그 사람은 나의 임무는 여기까지라면서 경찰에 신고하겠다고 하며 나가는 것이었다.

그렇게 분함을 못 이겨 씩씩거리고 있는데 얼마 후에 경찰들 대여섯 명이 들이닥치며 나를 에워싸는 거였다. 이건 완전히 불난 집에 기름 붓는 순간이다. 순간 난 은행 강도가 된 느낌이 들어 굴욕감(屈辱感)마저 느껴야 했다. 더군다나 옆에서 괴이한 표정을 지으며 쳐다보는 전경과 눈이 마주치자 난 참지 못하고 가슴에 손을 대며 "어이! 왜 그렇게 보나? 자네는 내가 은행 강도로 보이나?"하고 말했다. 그랬더니 그 전경이 하는 말이 더 기가 찼다. "손대지 마십시오. 세 번 손대면 경찰법에 따라 연행하겠습니다."라고 하는 것이었다. 난 어이없어 "야! 지금 억울한 시민은 난데 억울한 시민을 보호해주지는 못할망정 잡아간다고? 제발 그렇게 좀 해줘라!"하고 분위기가 고조 되는 순간 그중에 대장인 듯한 사람이 다가와 "선생님 고정하십시오. 저희는 신고를 받고 출동하여 선생님을 밖으로 내보내는 게 임무라 그렇습니다."라고 말하는 것이었다. 난 그간의 자초지종을 설명하며 분함을 토로(吐露)했다.

내 말을 들은 경찰관은 그제야 당시의 내 심정을 이해하는지 안타까워하며 위로를 하는 것이었다. 그렇게 승강이를 하다 은행에서 나오니 광역버스는 이미 다 끊기고 없었다. 별수 없이 난 그길로 근처 찜질방으로 들어가 유숙(留宿)을 하게 되었다. 그러면서도 분함이 가시지 않아 날이 밝으면 은행으로 가서 아주 박살을 내놓겠다고 독을 품으며 벼르고 있었다. 대학가 주변이라 그런지 찜질방은 많은 사람들이 붐비고 시끄러웠다. 도저히 수면을 취할 수가 없었다. 그래서 새벽 첫차로 파주 숙소로 돌아왔다.

잠시 쉬다 일과가 시작될 시간에 맞추어 난 금융감독원에 전화를 했다. 그곳은 의외로 친절하게 상담 전화를 받아주며 전날의 기막힌 사연을 듣고는 나의 심경(心境)을 이해하며 "견디기 힘드셨겠습니다."라고 하며 나를 포근히 감싸 안은 느낌이 들었다. 그 바람에 분함이 조금은 누그러질 수 있었다. 그러면서 보상을 원하시느냐고 묻는 것이었다. 난 그 상황과 경비직원의 책임감 없는 오만 불순한 태도에 분하고 화가 난 것이지 특별히 피해 본 것이 없어 보상은 필요 없다고 했다. 다만 나 같은 일이 또 생기지 않는다고 말할 수 없진 않으냐 혹 그런 돌발 상황이 생긴다면 보다 친절하고 신속하게 대처해주는 것을 원할 뿐이다. 왜 은행 일을 책임 없는 경비업체에 넘겨 고객에게 심적 고통을 주는 것은 형평성에 맞지 않은 것 같아 이것을 표본(標本)으로 개선을 원할 뿐이다라고 나는 힘주어 말했다.

내 말을 듣고 있던 금융감독원 직원은 좋은 말씀이십니다라고 말하며 그 내용을 국민은행 본점 담당 차장님께 연결해드릴 테니 사연의 내용을 말하는 것이 좋겠다고 하는 것이다.

나는 그러지 않아도 은행으로 쫓아가 박살 내려고 벼르는 차에 잘되었다 싶어 그렇게 해주면 감사하다고 하고 담당 차장과 통화를 하게 되었다. 난 전날의 상황을 자세히 설명하고 당시 처해있던 분함을 토로했다. 본점이라 그런지 담당 차장은 친절했다. 지점의 위치를 물으며 죄송하다고 말하는 것이다.

원래 CD기는 오후 11시에 끝나고 문을 닫는데 그때 10분 전과 5분 전에 안내 방송이 나온다고 하는 것이다. 그런데 공교롭게도 안내방송이 끝나자마자 내가 들어가 하필 그때 CD기를 사용 중에 시간이 되자 CD기가 중단되고 문이 잠기며 불이 나간 것 같다는 것이다. 설명을 들으니 충분히 이해는 갔다. 담당 차장은 상황을 인지(認知) 못 하고 오만 불손하고 불친절한 경비 용역업체에 문책(問責)을 하겠다고 하면서 거듭 죄송하다고 마음을 푸시라고 하며 이번 일로 참고삼아 개선(改善)하겠다고 하는 것이었다.

이유가 어찌 됐든 나는 전날 은행에 쫓아가 박살 내버리겠다는 각오를 했건만 금융감독원과 국민은행 본점 두 군데에 억울함을 토로하고 설전(舌戰)하며 가슴속에 맺혀있던 응어리를 풀어버린 것이다. 그러나 세상이 아무리 변했다고 하지만 은행은 은행대로, 경비 용역업체는 업체대로, 경찰관은 경찰관대로 각각 자기 영역의 임무만을 주장하고 책임을 미루는 사회가 되어 버렸으니 억울한 일을 당하는 사람들은 어디에다 하소연할까!

재수 없는 사람은 뒤로 자빠져도 쌍코피가 터진다고 꼭 이런 어처구니없는 일들이 나에게만 생겼는지 알 수가 없는 노릇이다.

그날은 저물어 가는 세모(歲暮)에 가장 긴 하루를 보냈던 날이기도 하였다.

먼저 떠나간 고참님을 기리며

정유년 새해를 맞이하니 새로움을 접하는 설렘보다는 지나간 모든 것들을 보냈다는 아쉬움과 서러움에 북받쳤나이다.

그리고 먼저 떠나간 님들의 그리움에 한 동안을 추억 속에 맴돌다가 님을 향해 발길을 돌렸나이다.

고참님 이시여! 그동안 사랑하는 모든 이들의 곁을 떠나 어떻게 이 긴긴 세월을 보내고 있나이까?

그동안 외롭진 않았습니까?

혹 무섭진 않았습니까?

사랑하는 처자식은 보고 싶진 않았습니까?

그리고 이 쫄따구을 비롯하여 많은 이들이 보고 싶고 그립지는 않았는지 묻고 있나이다.

이곳 주변이 엄청나게 변해서 헤매다 보니 비로소 내가 오랜만에 찾아 왔음을 실감하고 무지(無知)의 부덕함을 자책했나이다.

을씨년스럽기만 한 분위기에 현관문을 들어서노라니 갖가지 사연을 품은 많은 고인들의 영령을 접하니 순간 경직되더이다.

그리고 이 안에 고참님이 있어 찾아야 한다는 마음에 왠지 가슴이 조여 오며 눈시울에 눈물이 고이더이다.

오늘따라 외로운 영령들만이 모여 있는 넓은 이곳에 나 혼자만이 거닐며 많은 영령들의 환송(歡送)을 받으니 더더욱 눈물이 고이더이다.

고참님 이시여! 실로 이제 와 죄송하나이다. 그동안 삶이란 무거운 짐을 지고 하루하루를 헤매다 이제서야 왔나이다.

오랜만에 고참님을 바라보노라니 지난 세월의 만고풍상(萬古風霜)이 주마등(走馬燈)처럼 눈앞을 스쳐가나이다.

20대는 고참님과 군복을 입고 故 정경화 중대장님 휘하에서 희노애락하며 돈독한 전우애로 도원결의를 맺은 것처럼 지내며 함

께 자고 먹고 많은 사연의 추억을 남겼고,

30대는 각자의 생활로 먹고살면서도 의로움으로 유명을 달리한 중대장 추모 사업에 앞장서 많은 업적의 신화(神話)를 추억으로 남겼나이다.

40대는 각자 가족을 위해 열심히 일하면서 주기적으로 만나 추억을 더듬으며 중대장 추모 사업에 헌신하며 계승하는 데 주력하고 추억을 만들어 남겼고,

50대는 많은 후배들의 출현으로 순간이나마 왕고참이 되어 옛이야기하며 폼 한번 제대로 잡아보나 했건만, 또 고생만 해 온 마누라와 똘망똘망한 자식들이 다 자라나 행복하게 살만하니까 왜 그리 급하게 가서 서글픈 추억을 남겨야 하나이까!?

고참님 이시여!

이곳에 그동안 가족들이 다녀가며 남기고 간 글들이 많이 붙어 있나이다. 하나하나 그 사연들을 읽어 내려가노라니 이제 눈물이 고이는 게 아니라 아예 눈물이 펑펑 쏟아져 눈물 콧물 뒤범벅되어 흐르고 있나이다.

원래 이 쫄따구는 일찍이 조실부모해서 실컷 울었고,

그동안 차여서 울었고, 까여서 울었고, 뜯겨서 울었고, 죽어서 울었고, 서글퍼서 울었고, 억울해서 울었고, 아파서 울었고, 등

등 평생 울 거 이미 다 울어 눈물이 나올 리가 없는데 이상하다 할 생각의 여유도 없이 그저 펑펑 주룩주룩 계속해서 흘러나왔나이다.

고참님 이시여!

이 쫄따구도 어느새 외손자를 둔 60이 훨씬 넘은 중늙은이가 되었나이다.

그동안 힘들고 어려운 일들이 많았나이다. 그때마다 그 옛날 고참님과 함께 하며 견뎌냈던 일들이 떠올라 한편으론 아쉬움을 달래곤 했나이다.

그때는 어떤 일이든 고통을 분담(分擔)했기에 어렵고 힘든 일들이 쉽게 풀려갔는데 고참님이 없는 이 세상에서 모든 일들을 혼자 하려니 힘만 들더이다. 그래도 나름대로 많은 것을 해놨나이다.

조직을 국방부 소관 비영리 민간단체로, 공익 사단법인으로 승격시켜 놨나이다. 이제는 당당하게 조직을 운영하며 영원하도록 계승시킬 수 있나이다.

그러다 보니 이 쫄따구가 중대장 추모사를 낭독하며 한해 한해를 맞이한 게 금년이 40년이 되나이다. 40년간 혈연(血緣)보다 더 가까운 게 전우애(戰友愛)라는 것을 몸소 실현해 온 신화를 역사의 뒤안길에 남기게 되었나이다.

그렇지만 고참님이시여!

정말 죄송합니다. 이제야 찾아온 것도 죄송하지만, 고참님을 안타까움으로 떠나 보내고 당시에는 고참님의 가족들에 무엇인가 힘이 되어 도움을 드려야 한다고 굳게 마음을 먹고 수백 번을 다짐했건만 어영부영 세월만 가고 해드린 게 하나도 없나이다.

모두 다 이 쫄따구의 부덕(不德)의 소치올시다. 너무 죄송하게 생각하고 있나이다. 하지만 앞으로도 기회가 있으리라 생각하나이다.

또, 그렇지만 고참님이시여!

고참님은 장가 하나는 끝내주게 잘 가셨나이다. 고참님이 없는 빈 공간에서 아녀자의 힘으로 그것도 하나도 아니고 세 명의 자녀를 보살피고 먹이고 재우고 학교 보내고 또 인성교육시키고 등등 엄마의 할 일을 떠나 빈 공간의 아버지 역할까지 한다는 것은 대단하다 못해 무지무지 대단히 훌륭한 것이옵나이다.

또 그런데다 그것 외에도 경제활동을 위해 사회생활을 하고 있으니 이는 맹자의 어미보다, 석봉의 어미보다, 그리고 신사임당보다도 현실 세상에선 더 훌륭하다고 여겨지나이다.

그리고 어디 그것뿐이겠나이까!

우리 조직에 고참님이 떠나자 그 빈자리에 고참님을 대신한다 하여 남편의 그 자리를 부인이 메꿔주어 현재는 조직의 이사요 여성위원장으로 여태껏 공익활동을 하고 있으니 이는 전우애로 뭉친 군 역사에 획을 그을 수 있는 본보기가 될 것이라 여겨지나이다.

고참님이시여!

지금 이 쫄따구가 목메어 부르짖는 것은 시간만 나면 남편을, 한편으론 애들 아빠를 그리워하다 보고 싶거나 삶의 무게에 지칠 때면 찾아와 무언(無言)의 대화 속에 못다 한 말들을 남기고 간 부인과 가족들의 사랑을 보고 지금 눈물 콧물을 내뿜으며 통곡을 하고 있나이다.

그러니 부디 이승에서의 부인에게 못다 한 사랑과 많은 빚을 다음 세상에서 만나 수백, 수천 배로 갚으며 행복하게 영위(榮位)해야 하나이다.

고참님이시여!

머지않아 이 쫄따구도 고참님 곁으로 갈 것이나이다. 먼저 군에 간 사람이 고참이 되었듯이 그래서 그런지 그곳도 먼저 갔으니 이 쫄따구도 곧 뒤따라 가리라 여겨지나이다.

다시 만나면 옛날의 그 시절로 돌아갈 수 있다는 착각에 통곡을 하다 갑자기 기분이 좋아지는 것 같나이다.

고참님이시여!

그곳도 신참으로 가면 반합과 뚜껑 들고 고참님 따라 다니며 왕고참님들 술안주 조달(調達)하러 다녀야 하는지 묻고 싶나이다. 그리고 보급품 잃어버렸다고 온 동네로 훔치러 다니는 것 아닌지 묻고 싶나이다. 또 군기 빠졌다고 밤에 페치카 옆으로 집합시키고 줄빠따 치며 잠을 안 재우는지 묻고 싶나이다.

고참님이시여!

오늘은 이만하고 다음에 와서 듣겠나이다. 그리고 마음도 울적하고 기분도 꿀꿀해서, 이 핑계로 들어가다 쇠주 한잔해야겠나이다.

길가에 말라붙은 개똥도
한차례의 소낙비에 씻겨가건만
어이해 내 가슴속에 쌓인 먼지 때는
씻겨 갈 줄 모르누나

정유년 정월 보름에　백암 정문식

진정한 사랑

불치하문(不恥下問)이란 말이 있다. 아랫사람에게 묻거나 배우는 것은 부끄럽거나 수치스럽지 않다는 말이다.

저만 알고 저 잘났다고 꼴값 떠는 요즘 세상살이에는 드물게 느끼는 단어이다.

누구나 사람은 주어진 환경에서 새로움을 느끼고 배우며 살아간다고 생각한다.

그것이 윗사람이든 아랫사람이든 혹은 광물이든 미물이든 그

폭과 가치에 따라서 평생 가슴에 안고 교훈 삼아 사는 경우도 있다.

나에게 있어서도 마찬가지다. 오래전 언제인가 누구한테 듣고, 보고 감탄하여 깨달음을 느끼며 나의 가슴속에 주입된 가슴 뭉클했던 일화들이 있다. 나는 이것을 고이 간직하며 군부대 강연 때나 사람들의 모임 때면 기회 될 때마다 편안한 마음으로 전해주곤 했다.

각박하게 변하는 요즘 세태에 더군다나 무엇보다 인성교육(人性教育)이 절실히 요구되는 현시점에 누구나 보고 한 번쯤 생각해 보길 바랄 뿐이다.

첫 번째 '진정한 효도'에 대해서다.

오래전 충청도 어느 시골 마을에서 있었던 일이다.

동네 마을 어느 집에는 부모로부터 많은 재산을 물려받아 떵떵거리며 호화롭게 사는 큰아들이 있었고, 반면에 이웃 마을에는 물려받은 재산은 없지만 그래도 성실하게 날 품팔이하며 농사를 지어 어렵게 살아가는 착한 작은아들이 살고 있었다.

장남인 큰아들은 홀어머니를 조금도 불편함이 없도록 호의호식으로 극진히 모셨다. 그런데 부러울 것이 없는 어머니는 저녁만 되면 이웃 마을 작은아들 집으로 건너가 늦게서야 돌아오시는 것이었다.

이 같은 일이 매일같이 반복되자 이를 몹시 궁금하게 여긴 큰 아들이 어머니에게 물었다.

"어머니! 저희는 어머니께 매일같이 좋은 옷에 맛있는 것을 해드리는데 왜 못 사는 아우 집엘 매일 같이 가시나요?"하고 큰아들이 묻자 어머니 말씀이 "으~응 작은애 집에 가면 등도 긁어주고 팔다리를 시원하게 주물러 주거든"

지금 우리가 사는 현시대에 있어 한 번쯤 생각해 볼 만한 일이다. 과연 무엇을 부모님께 해드리는 것이 진정한 효도인가를…

두 번째로는 '진정한 우애'에 대해서다.

그러나 아쉽게도 우리나라가 아닌 오래전 프랑스 작은 마을에서 실제로 있었던 일화이다.

마을과 마을을 잇는 교통수단이 역마차로 이용되던 프랑스의 조그마한 어느 마을 역마차 정류장에는 역마차를 타려는 몇몇 사람들이 모여 있었다. 그때 황급히 달려온 7살과 5살짜리 형제가 다가와 운임을 받는 마부에게 물었다.

"아저씨! 샨들라까지 가려면 얼마인가요?"

7살의 형이 묻자 마부는 대답했다.

"어른은 2프랑 아이는 1프랑이란다."

마부의 말에 쭈뼛거리던 7살의 형은 잠시 망설이다 주머니를 뒤져 꼬깃거리던 돈을 꺼내들고 마부에게 건네주며,

"1프랑 여기 있어요. 이 아이가 탈 거거든요"하고는 동생을 마차에 오르게 하였다

그리고 얼마가 지나자 마차는 출발하게 되었다 마차에 탄 5살의 동생은 마차의 맨 뒤로 가 뒤를 뚫어지게 바라보았다.

그때 7살 형이 마차를 따라 뛰어오는 모습이 보였다. 뛰어오는 형이 보이자 동생은 회심의 모습을 보이며 기뻐하며 어쩔 줄 몰라 했다. 그러자 마차가 커브를 돌아 형의 모습이 안 보이면 붉으락푸르락 울상이 되었고, 뒤쫓아오는 형의 모습을 볼 때면 환희의 미소를 짓었다. 그렇게 반복을 거듭하다 긴 커브 길에서 오랫동안 형 모습이 보이지 않자 동생은 끝내 형이 안 보인다고 울음을 터트렸다.

승객 중 이를 이상하게 여긴 중년 부인이 5살의 동생에게 물었다. 그러자 두 형제는 차비가 없어 먼 거리를 걸어갈 수 없기에 형이 어떻게든 동생만 태우고 7살 형은 마차를 쫓아 뒤따라 뛰어오는 거라는 것이었다.

사연을 들은 승객들은 흐뭇한 광경에 눈시울을 적신 채 마차를

세우고 뒤따라오는 형을 기다려 함께 태우고 왔다는 끈끈한 형제애가 담긴 사연이다.

세 번째는 '진정한 의리'에 대해서다.

이 이야기도 오래전 도쿄올림픽 개막 직전에 실제로 있었던 일화이다. 도쿄 올림픽 유치가 확실히 공표되자 일본은 도쿄 주변에 메인 경기장을 짓기 위해 부지를 선정하여 경기장 공사를 서두를 때이다.

공사라인에 섭해 있는 가정집을 철거하려 지붕을 걷어 내는데 그때 인부가 황당한 것을 목격하게 되었다. 지붕 아래 대들보 위로 큼직한 도마뱀이 있는 것이었다. 깜짝 놀라 자세히 살펴보니 살아 있는 도마뱀이었다.

그런데 미동도 하지 않은 채 그대로 있기만 한 것이었다. 인부는 이상히 여겨 자세히 살펴보니 뜻밖에도 도마뱀 꼬리 부분에 큰 대못이 관통하여 대들보에 박힌 것이다.

인부는 도저히 납득이 가질 않았다. 도대체 어찌하여 대못에 박혀있으며 저렇게 묶인 몸으로 어떻게 살 수가 있었을까! 그동안 무엇을 어떻게 먹고 언제부터 그래왔는지 매우 궁금하기만 하였다.

그래서 인부는 하던 일을 멈추고 건물 대장을 찾아 집주인을 찾아가야 했다. 그랬더니 집주인은 그 집을 3년 전에 지었다고 말하는 것이었다. 그러니까 3년 전에 집 짓고 지붕을 얹을 때 공교롭게도 대들보 사이에 있던 도마뱀이 천장 위에서 떨어진 대못에 박히게 되었던 것이다. 한마디로 억세게 재수 없는 도마뱀인 것이었다.

그런데 3년 동안 도대체 뭘 먹고 저렇게 살 수 있었을까! 인부는 그게 몹시 궁금하였다. 그러자 인부는 공사고 뭐고 다 때려치우고 이 녀석 도마뱀을 관찰하기로 마음먹었다.

아침 일찍 관찰을 시작하였는데 점심때가 되자 희귀한 일이 벌어졌다. 어디에선가 또 다른 도마뱀이 입에 먹을 것을 물고 못에 박힌 도마뱀에게 다가가 먹을 것을 날라다 먹이는 것이었다. 그렇게 하기를 저녁에도 다음날 아침에도 점심에도 저녁에도 때가 되면 어김없이 그 녀석은 식량을 가져다 그 도마뱀을 살게 했던 것이었다. 그것도 3년이란 긴 세월을 변함없이 곁에서 돌보았던 것이다.

이것이 진정한 우정 아닐까! 한마디로 지금의 내가 부끄럽다. 한낱 미물도 의리를 지키며 살고 있는데 잘났다고 꼴값 떠는 인간들 틈바구니에 섞여 살고 있어야 하니.....

바로 이것이 사랑인 것이다. 진정한 사랑은 주는 것이다. 주고 또 주고 그런 다음에도 준 것이 적지나 않을까 걱정하는 것이 진정한 사랑인 것이다.

故 정경화 소령 추모 40주년 추모사

2017년 6월 21일은 중대장이신 故 정경화 소령 추모 40주년이다. 그리고 한편으론 내가 백암산패밀리를 40년간을 이끌어오게 된 날이다.

그동안의 일들이 주마등(走馬燈)처럼 떠올라 격세지감(隔世之感)을 느끼며 추모식에서 눈물 콧물 흘려가며 추모사를 낭독(朗讀)하였다.

중대장님이시여!

칠석날이면, 견우와 직녀가 만나듯이
님 떠나신 날인 오늘,
중대장님을 만나러 이곳에 왔나이다.

산모퉁이를 돌고 돌아 저 능선 이 골짜기를 보노라면
이곳에서 군복을 입고 중대장님과 호연지기(浩然之氣)를 키우며
함께하던 그 시절이 하염없이 떠올랐나이다.

그리고 순간이나마 그 시절로 돌아온 것 같은 환상에 사로잡혀
환희의 미소를 띠며 가슴 설레다가 현실을 깨달았을 땐
너무도 아쉬워 가슴을 부여잡으며 눈물을 흘렸나이다.

중대장님이시여!

십년의 강산이 네 번이나 흘러갔는데도
이 능선 저 골짜기는 조금도 변함없이 그대로 다 있으며,
중대장님은 조금도 늙지 않고 여전히 멋있게 계십니다.

오랜만에 중대장님을 바라보노라니
지난 세월의 만고풍상(萬古風霜)이 주마등처럼 눈앞을 스쳐가나이다.

중대장님이시여!

그동안 사랑하는 모든 이들의 곁을 떠나
어떻게 이 긴긴 세월을 보내고 있나이까?

어느새 이곳에서 웃고 울고 생활했던 청춘(青春)의 시절과, 먼저 떠나간 중대장님을 그리며 추억(追憶)을 더듬고 만든 지가 40년이란 긴 세월이 되었나이다.
그러다 보니 이제는 저희도 손자를 둔
중늙은이로 변해가고 있나이다.
이렇듯 또 다른 새로운 시절을 맞이함에 격세지감을 느끼나이다.

그렇지만 중대장님이시여!

그동안 삶이란 무거운 짐을 지고 하루하루를 헤매다,

태어나는 거와는 달리 순서 없이 먼저 떠나가는
전우들을 맞이할 때면, 마음 저리며 애통하고 비통하여
통곡을 했나이다.

그러다가 해가 바뀌어 새해를 맞이할 때면
새로움을 접하는 설렘보다는
지나간 모든 것들을 보냈다는 아쉬움과 서러움에
북받쳤나이다.

그리고 먼저 떠나간 님들의 그리움에 한동안을
추억 속에 맴돌다가, 얼마 전에 먼저 하늘나라로 간
선배 전우를 향해 발길을 돌렸나이다.
그리고 물었나이다.

고참이시여!

그곳에서 중대장님과 만나 잘 지내고 있느냐 물었나이다.
중대장님이 반갑게 맞아주더냐고 물었나이다.
그리고 그곳에도 신참으로 가면 반합과 뚜껑 들고

고참님 따라다니며 왕고참님들 술안주 조달하러 다녀야 하느냐고 물었나이다.
보급품 잃어버렸다고 온 동네로 훔치러 다니는 것 아니냐고 묻고 또 물었나이다.
또 군기 빠졌다고 밤에 페치카 옆으로 집합시키고,
줄빠따 치며 잠도 안 재우는 거 아니냐고 물었나이다.

그렇게 그 시절이 너무 그리워 대답 없는 허공(虛空)을 향해
미소를 띠며 눈물 콧물 흘려가면서 엉엉 울었나이다.

중대장님이시여!

먼 훗날 죽어서도 우리 모두 다시 모여
그때와 같이 생활하고 싶나이다.

그때까지 이 땅에 혈연보다도 더 진한 게
전우애란 신화를 남기겠나이다.
죽어서도 전우애는
의리로 나라를 지킨다는 신화를 남기겠나이다.

정경화 중대장님이시여!

이 땅에서 영원 무궁하도록 빛나소서!

2017년 6월 21일에 백암산 가족을 대표하여

정문식이 올립니다.